公共财政制度下的
慈善组织发展

The Development of Charitable Organizations
under the Public Finance System

朱俊立 / 著

社会科学文献出版社
SOCIAL SCIENCES ACADEMIC PRESS (CHINA)

摘　要

　　当前，我国已进入了经济、社会全面转型的关键时期，市场转型、社会转型所带来的共同结果是促使政治转型，把公共服务型政府确立为政府转型的目标模式已成为普遍共识。为了适应公共服务型政府作为"有限政府"的改革需要，应建立起公共服务多元化供给体系。由此，慈善组织发展的社会空间和公共领域正在逐渐形成。与此同时，经济快速发展及收入差距扩大构成了慈善组织发展的经济基础；以公共服务为导向的公共财政体制的构建，促使公共财政与慈善组织在社会保障领域的合作关系逐渐形成；以慈善组织为主体的第三次分配能够增加社会福利，有助于弥补公共财政投入不足。

　　然而我国既有的研究中，一般对财政职能范围的界定都是建立在政府－市场的"二维制度"基础之上，假定整个社会的资源配置就是通过市场机制和政府机制两种机制来实现。但是，无论是实践部门还是理论界都早已认同不仅市场会失灵，而且政府也可能失灵。因此，有必要引入除市场与政府之外的第三方力量——社会力量，构架一个由非营利组织构成的精巧的"第三方治理"体系。而慈善组织是非营利组织发展的最早形式和其中最重要的部分，因此对公共财政制度下慈善组织如何发展的问题进行研究，尤显迫切。然而目前国内仅有很少的研究者将非营利组织纳入公共财政研究的视野，而且没有将其中最重要的慈善组织分离出来进行专题研究，基于以上原因，本书尝试进行公共财政制度下的慈善组织发展研究，以期对这个还没有引起大家足够重视的问题做出一点有价值的探索。

本书分为六章。

第一章，绪论。一是介绍了本书的研究背景。随着市场经济体制改革的不断深化，我国社会领域也相应发生深刻的变化，并推动政府治理模式向公共服务型政府转变。随着政府转型的深化，慈善事业作为公共服务的补充提供者，其地位和作用开始受到政府部门的广泛重视；经济快速发展以及收入差距扩大使得慈善捐赠具有了现实必要性；过去由政府包办的传统社会保障制度已不能适应社会保障事业发展的需要，由非政府的慈善组织来承担一部分社会福利事业成为改革的取向，公共财政与慈善组织在社会保障领域的合作关系逐渐形成。然而，我国慈善事业还不发达，从整体上看慈善组织在承担和处理公共事务中表现出在自治能力、服务能力等方面存在很多不足。因此，需要在公共财政的视野下研究慈善组织的发展问题，以促进慈善组织健康、可持续发展。二是阐述了本书的研究意义。对公共财政的研究仅停留在政府－市场的"二维制度"空间内存在不足，有必要引入除市场与政府之外的第三方力量——社会力量。"多中心治理"理论构建了政府服务的政府、市场和社会的三维制度模式。非营利组织是社会力量供给公共服务的主体，而慈善组织是非营利组织中最重要的部分。构建公共财政与慈善组织的新型合作关系是"多中心治理"模式运作的重要内容。而且，经济学理论界也早已开始关注以慈善组织为载体的第三次分配，认为它有助于填补市场、政府留下的空间，促进社会各部门协调发展。三是明确了本书所研究的慈善事业的范围不仅局限于扶危济困的传统慈善，而且还是具有公益性特征的现代慈善公益事业。

第二章，公共财政与慈善组织领域相关理论综述。本章对公共财政理论、慈善组织理论、政府与慈善组织合作提供公共服务的相关理论进行了梳理与评述，从整体上勾画出慈善组织在社会上广泛存在并且发挥着补充提供公共服务的重要作用的理论与实践的轮廓。一是在公共物品理论综述方面，首先对公共服务和公共物品概念进行了辨析；其次评述了对传统公共物品理论的批评与发展——公共物品供给的多中心格局；最后得出结论，本书所研究的慈善组织是除政府与市场外最重要的公共服务的提供者，因此讨论其在公共财政制度框架下的发展问题，对公共物品的有效提供具有重大理论和实践意义。二是在慈善组织领域方面，界定了慈善的含义、慈善活动的主要方式、慈善组织的定义，指出现代慈善不断向公共领域拓展，具有公益性特征，厘清了第三部门、非营利组织和慈善组织的关系，并对慈善领域的两对基本概念——慈善与公益、慈善事业与社会保障制度进行了辨析。由此，明确了本书所研究的慈善领域的基本范畴。三是对政府与慈善组织合作供给公共服务做了综述。第三方治理理论、公共物品的多元互动供给论和认为慈善事业本身属于社会性保障事业的观点，为政府与慈善组织合作提供公共服务形成了理论支撑。

第三章，慈善事业发展历史。本章把建立政府（公共财政）与慈善组织的新关系模式放在慈善事业发展的世界历史视野之下思考，通过比较发现，中西方各国慈善事业发展的历史轨迹各有不同，启迪我们结合中国自身的慈善事业思想文化特点，正确认识我国政府主导慈善事业的历史传统，从而为树立"建立当代政府（公共财政）与慈善组织的培育服务性合作关系模式"的理念做一个历史背景的铺垫。中国的传统慈善思想与西方国家截然不同。西方慈善事业起源于基督教的教义，强调"博爱"。慈善活动首先从民间发展起来，然后随着国家政治、经济、文化的发展，政府逐渐介入。而我国慈善事业的发展受宗教影响小，国家的慈善制度受"民本主义"和儒家"仁义学说"的影响较大，具有明显的"差序等级"的伦理层次。慈善活动最早可以追溯到3000多年前的西周，从那时起，中国的慈善活动就是政府主持和主导的，被称为"政府慈善"，民间慈善只是处于补充的地位。我国自古就有政府主导慈善事业的历史传统，当前的经济、政治体制改革又是由政府推动的，政府自我完善的改革，遵循的路线是"自上而下"的。所以，我国政府（公共财政）应坚持对慈善事业发展的引导作用，但也必须改变过去对慈善组织的控制型管理的做法，转而采用培养与服务性质的制度及其配套的政策措施，引导慈善组织发展，发挥其民间性、自治性、志愿性、非营利性的组织特点和优势。英、美政府与慈善组织间的合作，以及政府对慈善事业发展的支持有着悠久的历史，因此其成功经验值得我们借鉴。

第四章，公共服务型政府与慈善组织的关系转型。本章从经济建设型政府一切以经济增长为中心，片面追求 GDP 总量，从而忽视了经济与社会的全面协调发展，导致经济社会发展严重失衡的社会现实出发，阐述了建设公共服务型政府的现实依据；用新公共管理理论、公共治理理论、新公共服务理论为我国建立公共服务型政府提供了充分的理论支撑。提供公共服务是服务型政府职能的核心，对于义务更加积极化、手段更加间接化的服务型政府来说，选择多元化的公共服务模式是发展的必然趋势。由于慈善组织自身所具有的利他主义、服务于弱势群体、资源部分来自捐赠等特点，使它"天然"地成为多元化供给公共服务的第一候选人。一方面，新公共管理理论、公共治理理论、新公共服务理论从理论上对慈善组织在公共服务中的作用给予了强有力的支撑；另一方面，在社会生活中，公共服务领域不断扩大、使政府财政难以为继，政府垄断的公共服务供给质量低下、效率不高，公共服务供给存在过度市场化现象。这些都成为需要促进慈善组织发展的现实动力。只有公民社会具有强大的社会自治能力，才能实现公共服务型政府"小政府、大社会"的管理格局。公共服务型政府建设将沿着自我完善和发展的"自上而下"的改革路径，从治理入手，在国家与社会的合作中，在解决具体问题的过程中，逐步落实各项基本权利，由政府向公民社会让渡更大的空间。由此可见，公共服务型政府需要激发慈善组织的能动性，重构与慈善组织的关系模式，从慈善组织的控制者转变为慈善组织的培育者、服务者。因此，建立新的政府与慈善组织间的培育服务性合作关系模式是适应公共服务型政府改革需要的、符合中国慈善事业发展的历史与现实的选择。

第五章，我国慈善资源与慈善组织状况分析。政府（公共财政）对慈善组织的培育、服务性制度建设及其配套的政策措施是否能产生预期效果的一个关键性问题是：是否具备广泛的、潜在的慈善资源可供慈善组织开发利用？本章列举了我国近年来较翔实的资金捐赠数据、物资捐赠数据、志愿者服务数据，对慈善捐赠方和受赠方的构成进行了分析，并且具体分析了慈善组织的收入来源，对我国慈善资源的现实状况有了一个较全面的了解。近年来，慈善捐赠增长迅猛，但与国际水平相比，还存在较大差距。慈善组织的收入来源单一，主要依靠捐赠收入，缺乏政府的扶持。不过慈善资源并不构成制约中国慈善事业发展的最主要瓶颈，随着导致慈善事业发展滞后的制度层面、行业层面的制约因素的逐步改进，中国慈善资源未来有望迅猛增长。因为中国慈善资源的潜力挖掘同时得益于三个方面的驱动力：一是政策法律层面，民政部门和各地慈善事业主管部门继续推进有利于慈善事业发展的新的法律政策出台；二是经济层面，中国经济的高速发展使居民可支配收入迅速提高；三是慈善意识层面，现代意义的慈善文化在中国也开始萌芽。本章的另一个需要研究的问题是慈善组织是否已经具备了必要的组织基础，在政府的培育服务性合作的制度安排下，是否有可能成长为真正现代意义上的独立、自治的慈善组织。之所以把"汶川地震救灾"作为研究慈善组织的切入点，是鉴于历史罕见的汶川特大地震救灾，对中国慈善组织而言，既是一次集体亮相，也是一次慈善组织理念、行动能力的实践。因此，这次抗震救灾就成为探讨"要在中国建立政府与慈善组织间的培育服务性合作关系是否已具备一定的慈善组织基础"这一问题的理论与实践的最佳连接点。本书得出的结论是：制约慈善组织发展的瓶颈在制度层面和行业层面，只有建立新的政府与慈善组织间的培育服务性合作关系模式，才能突破制约慈善组织发展的这些瓶颈，使其健康发展。

第六章，公共财政与慈善组织间培育服务性合作关系模式的制度设计与完善。首先，要构建政府与慈善组织间的培育服务性合作关系模式：一是理顺政府职能，重新设计政府管理慈善的职责；二是建立独立的慈善工作协调机制；三是降低慈善组织注册门槛。在此基础上，本书所探讨的核心问题"公共财政制度下慈善组织如何发展"也就水到渠成了。因为政府行政要以财政为依托，因此政府转型也就意味着财政转型。其次，公共财政与慈善组织的关系模式是政府与慈善组织关系模式的具体表达，所以也应相应建立起培育服务性合作关系模式。一是对构建政府与慈善组织间的培育服务性合作关系模式的总体性认识包括五个方面：公共财政支持慈善组织的原则；大量的政府资助是慈善组织健康发展的基础；资助筹建跨部委慈善工作协调机构；优化财政对慈善组织培育服务性支持的工具；找准财政支持慈善组织的主要领域。二是资助完善慈善组织的监督机制。三是制定推动基金会发展的政策。四是资助民间慈善组织能力建设。五是完善慈善事业税收优惠政策。

Abstract

At present, China has entered a critical period of economic and social transition. The market and society transition will bring about the political transition. It has become the general consensus that the public service government will become the goal and the model for the government transition. To meet the need of the reform of the Public Service Government as "limited government", the multi-supply system of public service should be established. Thus, the public and social space is gradually taking shape for the development of charitable organizations. At the same time, rapid economic development and income gap have formed the economic foundation for the development of charitable organizations; the construction of the public service-oriented finance system also promotes the co-operation between the public finance and charitable organizations in the field of social security; the third distribution with charity organizations as the main body can increase social welfare and help to make up for the inadequate investment in public finance.

However, our existing studies on the scope of financial functions

8

are based on the government-market "two-dimensional system",
which assumes that the allocation of resources of the whole society is
achieved by the market mechanism and the government
mechanism. However, it has long been acknowledged both in practice
and theory that not only the market but also the government may fail
in resource allocation. Therefore, it is necessary to introduce the third
party-social forces besides the market and the government, which will
be a non-profitable "third party governance" system. The charitable
organization is one of the earliest and the most important forms of non-
profit organizations, therefore, we urgently need to study the future
development of charitable organizations under the system of the public
finance. However, the previous research has included only a few non-
profits from the public finance perspective, and has not singled out
charitable organizations for special studies. Based on the reasons above,
this dissertation focuses on "the research of the development of
charitable organizations under the public finance system", and hopes
to make a contribution to the exploration of this worthwhile issue.

This book is composed of six chapters.

Chapter 1, Introduction. The first section is the research
background: With the continuous deepening of the market economic
system, our society has undergone a series of profound changes,
which promotes the transfer of the governance model into a
government for the public service. With the government transition,
philanthropy, as a supplementary provider of public service, and its
status and the role has received wide attention from the
government. The rapid economic development and the widening

income gap make charitable donations necessary; the traditional social security system monopolized by the government can not meet the needs of the development of social security. The co-operation between the public finance and the charitable organizations has gradually taken shape and it will be a trend that non-governmental charitable organizations take a part in the social welfare. However, philanthropy in our country is not developed, and generally speaking, there are many deficiencies in our charitable organizations when dealing with public affairs, including the autonomy and the service capability. Therefore, the development of charitable organizations should be researched from the perspective of public finance for the aim of a healthy and sustainable development. The second section is significance: There are many deficiencies if the research on public finance focuses only on the two-dimensional system, that is, the government-market system. Therefore, it is necessary to introduce a third party—social force, apart from the market and the government. The theory of "Polycentric governance" constructs a three-dimensional government service system for the government, the market and the society. Non-profit organizations are the main supplier of public services among all the social forces, and also, charitable organizations are the most important part among non-profit organizations. The construction of brand-new cooperation between public finance and charitable organizations is the center of "polycentric governance". In addition, theorists in economy have already paid close attention to the third distribution with charitable organizations as the carrier. It is believed that charitable organizations will help to fill the space left by the market and the government and to coordinate the harmonious development of various sectors of the society. The third section clearly states that the scope of philanthropy in this dissertation is not limited to traditional charity, but also refers to philanthropy with the characteristics of the public interest.

Chapter 2, Literature Review. This chapter attempts to make a thorough literature review on theories in public finance, charitable organizations, and public services guaranteed by government and charitable organizations. In fact, charitable organizations are already widespread in society, and play a supplementary role as a provider of public services. First of all, the writer gives a literature review on the theories of public goods. In this part, the concepts of public services and public goods are distinguished. Then, the writer presents a review of the criticisms and development of the theories of public goods: the multi-center pattern of the supply of public goods. At last, a conclusion is drawn: charitable organizations are the most important providers of public services besides government and the market. It is of great theoretical and practical significance to do research on the development, and the effective supply of the public goods, of charitable organizations under the public finance system. Secondly, in the field of charitable organizations, the connotation of charity, main patterns of charitable activities, the concepts of charitable organizations have been clearly defined. This part points out the future tendency of modern philanthropy that it will develop into the public sphere of the society, and take on in public interest features. This part clarifies the relationship among the third sector, non-profit organizations and charitable organizations. It also clarifies two pairs of basic concepts of the field of philanthropy-charity and public interest, philanthropy and social security system. Therefore, the scope of this book is defined as the philanthropy. Finally, it continues with a literature review of cooperation between the government and charitable organizations on the supply of public services. Third-party governance theories, theories of multi-suppliers of public goods, and theories that charity itself belongs to the social security services provide a strong theoretical support for the provision of public services cooperated by charitable organizations.

Chapter 3, The history of philanthropy. This chapter attempts to study the new model of relation between public finance and charitable organizations from the perspective of the historical and global development of philanthropy. By comparing the history of the development of philanthropy of China and western countries, we can precisely evaluate the tradition of our philanthropy, which is directed by the government and features own ideological and cultural characteristics, and finally made a historical foundation for the further discussion of the establishment of the public service relation model between the government and the charitable organizations. Chinese traditional thoughts in charity differ from those of western countries. Western charity originated in the christian doctrine, emphasized in "love". Charitable activities developed from the non-governmental activities, and with the country's political, economic and cultural development, government gradually intervened into these charitable activities, whereas, the development of charity in China, with the noticeable feature of "differential rating" in ethical sense, has little influence from the religious reasons, but is influenced more by "populism" and the Confucianism "Benevolence theory". Charitable activities can be traced back 3000 years, the Western Zhou Dynasty, and since then, charitable activities have been directed and led by the government, and known as "government charity". Non-governmental activities have been in the supplementary role ever since. At present, the economic and political reforms are both promoted by the government, and the self-improvement of the government follows the "top-down" strategy. Therefore, our government (public finance) should adhere to the guidance on the development of philanthropy, and at the same time, it needs a transition from the traditional control of charitable organizations to a sensible guidance on the cultivation and development of China's philanthropy. By doing so, its autonomous, volunteer, non-profit characteristics and advantages can be fully developed.

Chapter 4, transformation in the relations between the public-service government and charitable organizations. This chapter elaborates the realistic basis for the establishment of the public-service-oriented government based on the analysis of the weaknesses of the economic-development government emphasizing the economic development, pursuing the growth of GDP, neglecting the harmonious coordination between economy and society and finally leading to a serious imbalance in economic and social development. This part also provides the theoretical support for the establishment of the new-model government from the perspective of the new theories in public management, public service and social capitals. The provision of public services is the core of public-service-oriented government. It is an inevitable trend to choose public services in a wide range for a service-oriented government which will fulfill the obligations more actively and manage the affairs more indirectly. As charitable organizations have its own features in altruism, service in disadvantaged groups, resources which is partly from donations, they become "naturally" the first candidate in a diverse supply of public services. On one hand, theories in new public management and new public service have given strong support for the role of charitable organizations in the public services; On the other hand, in the social life, the scope of public services has been expanding so widely that it is difficult for the government to maintain it financially. Also, owing to the low quality and low efficiency of public services which are controlled by the government and the public services depending excessively on the market promote the development of charitable organizations, it is inevitable to promote the development of charitable organizations. The establishment of the public-service-oriented government will help the growth of the civil society which is the social foundation of the existence of charitable organizations, which is conversely an inevitable process for the transition of the government and will expand the space for activities of the civil society. Only when a civil society possesses a strong social self-governing capacity, can a "small government, big society" management structure be achieved for the public-service-oriented government. By following the "top-down" reforming path of self-improvement and development, with the cooperation with the country and the society, in the process of the solving specific problems, public-service-oriented government can step by step implement a variety of basic rights and transfer more space to the civil society. Thus, public-service-government needs to stimulate the initiative of charitable organizations, reconstruct the relationship with charitable organizations and change its role from a controller to a cultivator and a service provider. Therefore, the establishment of the new relation model between governmental and charitable organizations is a historical and realistic option which is adapt to the reform of the government and keep up with the development of China's philanthropy.

Chapter 5, Analysis of charity resources and charitable organizations. There is a critical question if government (Public Finance) can produce desirable results on the cultivation of charitable organizations, the establishment service system and supporting policies and measures: whether there are extensive and potential resources for the development and utilization of charitable organizations? At the same time, an analysis has been made about the recent detailed data of donations of funds and materials, volunteers, the composition of the donors and recipients, and sources of income of charitable organizations. Based on the analysis, a more comprehensive understanding of the reality of our charitable resources has been formed: the relatively rapid growth of charitable donations in China and still has enough space for development by comparing with the international standards. The income for charitable organizations relies mainly on donations and lacks government support. But charitable resources are not the main constraints for the development of our philanthropy in China. With the improvement of the charity system and the trade which used to be the constraints, philanthropy in China is expected to increase greatly in the future. The exploration of the potential of charity resources in China will reap the benefits from the following three driving forces. First of all, policies and laws. The civil affairs departments and local authorities will continue to promote the introduction of new laws and policies which will benefit the development of charity. Second, the economic factors. China's rapid economic development makes it possible for the increase of people's disposable income. Third, charity consciousness. The charity culture in a modern sense has sprouted in China. Another issue discussed in this chapter is whether charity organizations already have the necessary foundation, and the possibility for them to be independent and autonomous organizations under the government's cooperative arrangements. The reason why "Wenchuan Earthquake Relief" is used as a typical case in studies of Chinese charitable organizations is that this was the first time Chinese charitable organizations had a chance to demonstrate what they can do and it is a real practice of the philosophy and capacity of Chinese charitable organizations. Therefore, Wenchuan Earthquake Relief becomes the best connection between theories and practice in the topic "Whether or not there exists a charitable foundation for the cultivation of service-oriented relationship between the government and charitable organizations". The conclusion has been safely drawn that: the bottleneck restricting the development of charitable organizations lies in the systematic and trade levels. Only with the establishment of service-oriented cooperation model between the government and the organizations can the bottleneck be broken through and a healthy development guaranteed.

Chapter 6, The system design and improvement for the cooperative relation model between the government (public finance) and charitable organizations. First, sorting out government functions and establishing an independent coordination mechanism for charitable work. Second, improvement of the supervision mechanism. Third, relaxing the registration requirements for charitable organizations. Based on the previous chapters, the core issue in this book of "How to develop charitable organizations under the system of public finance" can be solved. Because the implementation of the government must rely on finance, the transformation of the government also means the transformation of finance. The relationship between public finance and charitable organizations is the embodiment of the relationship model between the government and charitable organizations, so a cooperation model is also needed. First, the overall understanding of this model consists of five areas: the principle of financial support for the charitable organizations through public finance; government-fund is the basis for the healthy development of charitable organizations; establishment of intra-ministerial charity coordinating institutions; optimization of the financial instruments for the support of charitable organizations; identify the main fields of financial support for charitable organizations. Second, funding and improving the supervision mechanism of charitable organizations. Third, drawing up the policies for the development of the foundation. Fourth, financial support for capacity building for non-governmental charitable organizations. Fifth, improving the tax incentives for philanthropy.

序

当前我国正处于深化公共服务型政府改革的阶段，党的十八大明确提出"要深入推进政企分开、政资分开、政事分开、政社分开"，厘清和理顺政府与市场、政府与社会之间的关系是核心。公共财政研究仍停留在政府－市场的"二维制度"空间内已不合时宜，需要引入社会力量，使以非营利组织为主体的公共服务的志愿供给模式成为公共服务多元化供给体系的组成部分。慈善组织是非营利组织发展的源头和最重要的组成部分，而我国的慈善事业还不发达，从整体上看慈善组织在自主能力、自治能力、服务能力等方面都显幼稚。所以，在公共财政的视野下研究促进慈善组织发展壮大，使其在保健、教育、服务、环保等领域成为公共服务的补充性提供者，就十分必要了。

基于上述考虑，朱俊立博士在《公共财政制度下的慈善组织发展》这本专著中，以公共财政、慈善组织及其相互关系三个方面所涉及的相关理论作为研究的理论基础，以建立公共服务型政府作为研究的落脚点，通过借鉴西方政府与慈善组织合作供给公共服务理论的新发展和西方国家"第三方治理"的新实践，从中西方慈善事业发展的历史视角对我国政府与慈善组织的关系做了审视和检讨，并最终依据中国自身的慈善事业发展现实国情，构思新颖地提出构建"公共财政与慈善组织的培育服务性合作关系模式"。

朱俊立博士的这本专著，立意现代公益性慈善事业，尝试将慈善组织纳入公共财政制度空间，从理论上阐述公共财政制度下引致慈善需求与供给的因素，寻求政府支持慈善组织发展的最佳路径，推动慈善组织在政府缺少管理优势和企业不愿涉足的领域承担起社会事务管理的职能。该专著基于对中国自身的慈善事业发展的历史与现实国情的丰富解析及英、美等国家相关经验的借鉴，建议改革目前政府（公共财政）与慈善组织间"控制型"的支配性协作关系模式，重新构建政府与慈善组织间的培育服务性合作关系模式，坚持政府对慈善事业发展的引导作用，但强调政府的"培育服务性"，政府应以慈善组织的成长发育需要为出发点，主导作用体现并服务于慈善组织的制度及其配套的政策措施，引导慈善组织发展，发挥其民间性、自治性、志愿性、非营利性的组织特点和优势。朱俊立博士通过对我国慈善资源现实状况的翔实研究指出，阻碍慈善组织发展的瓶颈并非慈善资源，而在制度和行业层面，并勾画出了政府与慈善组织间的培育服务性合作关系模式的制度框架，具体设定了公共财政与慈善组织间的培育服务性合作关系模式。总体来看，该专著研究思路清晰，内容资料丰富，所提观点新颖、独到，具有较强的独创性和实用性。

在我国，公共财政制度下如何发展慈善组织，促进两者合作，以实现社会福利的最大化，还是一个新的研究领域，乏人研究，研究成果很少。在这一情况下，选择"公共财政制度下慈善组织的发展"作为博士论文选题，需要承受一些压力。朱俊立博士作为长期从事教学和科研工作的财政工作者，既具有扎实的理论功底，更具备丰富的科研工作实践经验，加之对慈善事业浓厚的个人兴趣，使得她经过艰苦的求索，提出了改革现状的一套具有中国特色的完备的方案——从模式到制度框架再到政策措施，最终取得了兼具理论与实践价值的研究成果。

作为朱俊立的博士研究生指导老师，我和她一起经历了她攻读博士学位期间的辛苦与努力，也欣慰地看到她历经磨砺之后的收获。尤其是看到她在博士论文的基础上，吸收答辩委员会专家评委的意见和建议，最终完成了这部达到一定理论水平和具备一定实践意义的学术专著，我甚为欣喜，也深感欣慰，并欣然为序。

闫　坤

2013 年 10 月 17 日

目 录

Contents

3

第一章　绪论

第一节　研究背景与意义

当前，我国政府的治理模式正由经济建设型向公共服务型转变。由此，慈善事业发展的社会空间和公共领域正在逐渐形成。与此同时，我国经济快速发展、收入差距扩大，构成了慈善事业发展的经济基础；以公共服务为导向的公共财政体制的构建，促使公共财政与慈善事业在社会保障事业领域的合作关系逐渐形成；以慈善事业为主体的第二次分配能够增加社会福利，有助于弥补公共财政投入的不足。本书尝试将慈善组织纳入公共财政制度空间，从理论上阐述公共财政制度下引致慈善需求与供给的因素，分析政府与慈善组织提供社会服务的比较优势，并根据中国国情，结合国际经验，选择构建适合我国的政府与慈善组织的合作关系模式，进而建立起与此相适应的公共财政与慈善组织的新型合作关系模式，从而完善我国公共服务体系，实现社会福利的效益最大化。

一　研究背景

经济转型推动我国社会结构由传统的"总体性社会"向

"后总体性社会"转型，使公共财政与慈善组织在公共服务领域的合作成为可能。探讨构建公共财政与慈善组织的新型合作关系，对促进慈善事业的可持续发展，进而成为供给公共服务的重要社会力量，是不可或缺的理论支撑。

（一）慈善事业发展的社会空间和公共领域正在逐渐形成

当前，我国已进入了经济、社会全面转型的关键时期，社会主义市场经济体制已经确立并在逐步完善。由此，逐步衍生出一个相对独立的公共领域。市场转型、社会转型所带来的共同结果是政治转型。迫切需要政府转变传统的直接行政的管理模式，立足于公众利益和公共需求，明确政府与公众的职责和权利，形成民主参与、公开透明、高效服务的公共治理网络。因此，把建立公共服务型政府确立为政府转型的目标模式成为普遍共识[1]。这就需要合理定位政府的公共服务角色和职责，"政府的职责是掌舵而不是划桨。直接服务是划桨，可政府并不擅长划桨"[2]。"事实上，政府已经无法成为唯一的治理者，它必须依靠民众、企业、非营利组织共同治理和共同管理"[3]。而慈善组织在非营利组织中是最受关注的[4]，随着政府转型的深

---

[1] 2005 年两会期间，温家宝总理在《政府工作报告》中首次提出了"建设服务型政府"的目标，明确了在新时期政府转换职能的方向和任务，即政府转型要从治理入手，转变政府职能，依法行政，使政府转变为公共服务型政府、法制政府，真正成为公共产品的提供者、经济社会环境的创造者、人民权利的维护者。

[2] 〔美〕戴维·奥斯本等：《改革——企业家精神如何巩固着公共部门》，周敦仁等译，上海译文出版社，1996，第 1 版，第 1 页。

[3] 张成福等：《公共管理》，中国人民大学出版社，2001，第 1 版，第 22 页。

[4] 〔美〕莱斯特·M. 萨拉蒙：《公共服务中的伙伴——现代福利国家中政府与非营利组织的关系》，田凯译，商务印书馆，2008，第 1 版，第 56 页。

化，慈善事业发展的社会空间和公共领域正在逐渐形成，慈善服务作为公共服务的补充性提供者，其地位和作用开始受到政府部门的广泛重视。

（二）经济快速发展及收入差距扩大构成了慈善事业发展的经济基础

当前，经济快速发展及收入差距扩大构成了慈善事业发展的经济基础。经济发展和收入水平的提高使人们有能力进行慈善捐赠，而部分贫困人口的存在使慈善捐赠具有其现实必要性。我国经济发展较快，社会分配不公的矛盾也日渐突出，这不仅是由于初次分配中存在不合理现象、第二次分配缺乏力度与公平，第三次分配格局没有形成也是一个重要的原因。由慈善组织主导的第三次利益分配遵循利他主义的志愿精神，以组织化的形式来实现财富无偿的单方面转移，它有利于弥补税收制度的不足，减少贫富差距，改善贫困社会群体的生存状况，提高社会福利，对缓解贫富阶层的社会矛盾和增强社会凝聚力发挥着不可替代的作用。基于社会责任的慈善事业，在一定程度上弥补了第一、二次分配的不足，促使财富和资源能够在社会各阶层之间进行流动和重新分配，日益受到社会各界的关注。

（三）公共财政与慈善事业在社会保障事业领域的合作关系开始形成

与建设公共服务型政府相适应，我国建立了以公共服务为导向的公共财政体制，逐步实现了由经济建设型财政向公共服务型财政的转变。财政资金从生产性和营利性领域退出，有效整合财政资源，提高资金使用效率，把公共财力更多地向市场机制无法调节或不便调节的公共服务领域倾斜，更多地用于扶持社会发展领域中的薄弱环节，加大对劳动就业、职业培训、生活保障、社会弱势群体救助以及公共卫生、公共安全等与人民群众切身利益直接相关领域的投入力度，使人民共享改革发展的成果。2007年中国财政被誉为民生财政，"关注民生"① 成为财政工作的最大亮点。随着对民生的关注，中国慈善事业也日益得到关注。2007年，中国共产党第十七次全国代表大会提出："要以社会保险、社会救助、社会福利为基础，以基本养老、基本医疗、最低生活保障制度为重点，以慈善事业、商业保险为补充，加快完善社会保障体系。"由此，中国慈善事业的基本定位也明晰了：中国慈善事业是以"补充社会保障，完善社会保障体系"为核心的民间公益事业，并日益成为中国社会保障事业不可或缺的重要组成部分②。过去由政府包办的传统社会保障制度已不能适应社会发展的需要，由非政府的慈善组织来承担一部分社会福利事务成为改革的取向，公共财政与慈善事业在社会保障事业领域的合作关系逐渐形成。

然而，我国慈善事业还不发达，从整体上看仍然存在慈善组织数量偏少、运行机制不健全、趋官方化和行政化以及公信力低等诸多问题，在承担和处理公共事务中表现出在自主能力、自治能力、服务能力方面存在很多不足。因此，需要在公共财政的视野下研究慈善组织发展的问题，设计政府与慈善组织的新型培育服务性合作关系模式，进而构建公共财政与慈善组织间的培育服务性合作关系，寻求财政支持慈善事业发展的最佳路径，探讨以

---

① 民生就是人民的生活、生计问题，包括民众的衣、食、住、行、用，以及生、老、病、死等方面。从民生的内涵来看，它与福利这个概念没有本质的区别，民生就是中国式的福利。引自高培勇主编《财政与民生：中国财政政策报告 2007/2008》，中国财政经济出版社，2008，第 1 版。

② 施昌奎：《北京慈善事业运营管理模式》，中国经济出版社，2008，第 1 版，第 94 页。

慈善组织的社会职能来替代与补充财政提供公共服务的部分职能的可能性，推动慈善组织在政府无法管理和企业不愿涉足的领域承担起社会事务管理的职能，为政府分忧，为社会公众服务，从而达到改善民生福利的目的。

二　研究意义

近年来，理论界和实践部门对于公共财政理论的研究，立足于我国经济体制转轨的现实，并大量借鉴了西方财政学中的公共物品理论、公共选择理论等，取得了重大的成绩，对公共财政的实质、职能范围达成了基本一致的认识：公共财政指的是国家或政府为市场提供公共服务的分配活动或经济活动，它是与市场经济相适应的一种财政类型或模式①。其主要职能是提供公共物品，同时必须调控市场分配不公和经济周期波动②。公共财政的理论内涵已经成为实际部门工作的准则。

然而，在既有的研究中，对财政职能范围的界定大多建立在政府－市场的"二维制度"基础之上，假定整个社会的资源配置就是通过市场机制和政府机制两种机制来实现。与此相适应，全社会所需要的产品和服务就由市场和政府两个系统来提供。市场能充分发挥作用的领域就交给市场；而市场不能充分发挥作用的领域或市场做不好的事情，就交给政府。但是，无论是实践部门还是理论界都早已认同不仅市场会失灵，政府也可能失灵。因此，对公共财政的研究仅停留在政府－市场的"二维制度"空间内存在不足，有必要引入除市场与政府之外

---

① 张馨：《公共财政论纲》，经济科学出版社，1999，第1版。
② 高培勇：《公共财政的基本特征》，《涉外税务》2000年第8期。

的第三方力量，构架一个由非营利组织构成的精巧的"第三方治理"体系。

（一）"多中心治理"理论构建了政府服务的政府、市场和社会的三维制度模式

奥斯特罗姆的公共事物"多中心治理"理论把多中心秩序与效率和社群利益联系起来，在市场与国家理论之外进一步发展了集体行动理论，为公共事物治理的理论与实践增添了颇具启发意义的全新路径，打破了"单中心"的政府供给公共服务的模式，构建了包括政府、市场和社会的三维制度空间。我国社会转型的核心任务之一就是改变过去政府大包大揽的做法，由政府垄断公共服务的"大政府、小社会"的社会格局向"小政府、大社会"的社会格局转化，建立"有限政府"。公共服务型政府是以满足社会公共需求为己任，提供充足优质的公共服务的现代政府。公共服务型政府是善治政府，其最主要的特征是政府的权力有限，政府只是社会治理中的一个平等、协商性的管理主体，与其他公共管理主体如非营利组织、企业共同构成社会权力网络。

（二）构建公共财政与慈善组织的新型合作关系是"多中心治理"模式运作的重要内容

"多中心"治理能够从理念走向实践，社会网络组织体系能够运行，依靠的是存在于公共领域中的社会资本力量，取决于政府、公民、企业与社会组织之间的相互信任与积极合作的态度。这些要素成为"多中心治理"过程中资源共享、互相协调、有效沟通、伙伴关系形成的内在道德基础。

按照"多中心治理"理念构建的公共服务多元化供给体系能够有效运行的关键是政府、企业、公民以及社会组织间的相互信任与积极合作。这就需要给予民间力量活动的空间，减少政府对资源的控制。慈善组织是非营利组织中最重要的组织形式，在西方国家公共服务改革中，各种慈善组织以其遍及保健、教育、服务、环保等与民众休戚相关领域的特点而在公共物品管理中扮演着主要角色。慈善服务作为公共服务的补充性提供者，其地位和作用开始受到政府部门的广泛重视。

在我国，改善民生与财政资源有限性的矛盾日渐凸显，中共十七大提出了"加快推进以改善民生为重点的社会建设"的战略目标。虽然近年来财政收入的增长速度连年超过 GDP 的增长速度，但我国政府占有的资源与庞大的社会保障需要相比，还是非常欠缺的。首先，我国仍然实行城乡二元分离的社会保障制度。其次，城镇对社会保障的需求不断加强，城市贫困问题已经成为当前我国政府关注的重要问题。再从收入层面来看，政府获取资源的方式主要是以税收为主，不可能随意获得资源，但保障民生的投入却具有刚性，政府有限的供给能力决定了全社会的民生需求仅靠政府是很难得到满足的，应利用政府的公共资源及行政资源，鼓励和引导社会力量参与到关注民生的事业中来。因此，构建公共财政与慈善组织的新型合作关系，既有现实的迫切性，又是"多中心治理"模式运作的重要内容。

（三）经济学理论界早已开始关注以慈善组织为载体的第三次分配

经济学理论界也早已开始关注以慈善组织为载体的第三次分配，认为它有助于填补市场、政府留下的空间，促进社会各部门协调发展。

首先，以慈善组织为主体的第三次分配能够增加社会福利。以市场为主体的第一次分配由于"马太效应"的作用，会使收入分配不公，所以要以政府为主体进行第二次分配，利用税收等手段来帮助弱势群体，建立全面、系统、适度、公平、有效的社会保障体系。然而，政府决策失误及寻租行为、政府提供信息不及时甚至失真、政府职能的"越位"和"缺位"等因素，常常导致"政府失灵"，效率与公平兼顾的原则往往很难掌握。经过市场、政府的第一、二次分配之后，在收入分配方面仍留有空间，有待于第三次分配去填补。第三次分配是指个人出于自愿，在习惯与道德的影响下把可支配收入的一部分或大部分捐赠出去①。慈善组织是第三次分配的主要组织形式，它作为第三次分配的资源配置方式和机制，既不是市场行为也不是政府行为，而是一种纯粹的社会行为，是社会成员之间的互补互助行为。通过扩大第三次分配，把财富从高度集中的社会阶层转移到高度稀缺的社会阶层，是对财富分配的再一次平衡，有助于克服在资源配置中市场失灵、政府失灵的弊端，丰富和完善社会资源，使其效益最大化，缓解社会利益不均衡带来的矛盾和冲突，从而有助于真正建立起全面、系统、适度、公平、有效的社会保障体系，提高社会福利。

其次，以慈善组织为主体的第三次分配能够弥补公共部门投入的不足，促进社会各部门协调发展。由于外部性和非竞争性，在市场调节下，文化、教育、卫生等公共部门虽然社会效益很高，但经济效益却很低，因此常常由于投入不足而难以正常发展，需要政府部门的投入。但是西方国家经济发展的历史已经证

---

① 成思危在 2005 年第九届《财富》全球论坛上的讲话。

明了政府的有限性，"滞胀"现象使凯恩斯主义陷入理论和现实的双重尴尬境地，主流经济学观点也逐渐从20世纪60～70年代"从摇篮到坟墓"的全能型政府的导向，转变为"小政府、大社会"的导向。慈善事业主导的第三次分配对各部门协调发展的影响可以具体分为直接影响和间接影响。直接影响是指当一些人把自己的一部分收入或财产直接捐赠给文化、教育、卫生等部门，或捐赠给发展这些事业的基金会或其他慈善组织后，这些部门由于得到了追加的投入而能较快地发展，从而促进了各部门协调发展。间接影响是指当一些人把自己的一部分收入或财产用来帮助贫困地区发展经济，或用来帮助贫困地区的人们脱贫时，贫困地区的经济发展了，人均收入提高了，这样也会促进当地文化、教育、卫生等事业的发展，从而有助于各部门的协调发展。

由此可见，有必要重新架构市场－政府－非营利组织的三维制度空间来研究公共财政问题，对财政职能范围的界定除了考虑市场与政府之外，还应考虑来自第三方——非营利组织的力量。慈善组织是非营利组织发展的基础和其中最重要的部分，因此，对构建公共财政与慈善组织的新型合作关系做专题研究尤显迫切。然而，目前学术界对慈善事业的研究大多立意于慈善组织自身的管理机制、运营机制、监督机制等问题，而对于慈善组织与公共财政之间关系的研究一般也仅限于制定一些具体的财政政策措施以支持慈善事业发展的浅层次的考虑。有很少的研究者将非营利组织（或称非政府组织和第三部门）纳入公共财政研究视野，但没有将其中最重要的组成部分——慈善组织从中分离出来进行专门研究。在非营利组织中，慈善组织作为社会保障的补充力量，与同样"以关注民生为己任"的公共财政有着最大的相通之处。因此，本书尝试弥补这一领域研究的不足。

第二节　研究主题与范围

本书旨在阐述公共财政制度框架下适合我国的政府与慈善组织的合作关系模式，以期在此基础上构建相应的公共财政与慈善组织间的新型合作关系模式，从而实现公共财政引导慈善事业可持续发展的目标。需要厘清的是，本书所研究的慈善事业不是狭隘的"慈善是对穷人的慷慨"① 的传统救助性慈善事业，而是公益性特征日益明显的现代慈善事业。

一　研究主题

构架政府－市场－非营利组织的三维制度空间来研究公共服务提供问题，将慈善组织纳入公共财政制度空间，对建立政府与慈善组织的合作关系的理论依据进行系统梳理，从理论上阐述公共财政制度框架下引致慈善需求与供给的因素，分析政府与慈善组织提供公共服务的比较优势。根据我国慈善事业发展的历史与国情，结合国际经验，选择架构适合我国的政府与慈善组织的新型合作关系模式，进而探讨如何构建与之相适应的公共财政与慈善组织间的新型关系模式，制定支持慈善事业可持续发展的公共财政政策，完善我国的公共服务体系，实现社会福利的效益最大化。

---

① 〔美〕莱斯特·萨拉蒙：《公共服务中的伙伴——现代福利国家中政府与非营利组织的关系》，田凯译，商务印书馆，2008，第 1 版，第 121 页。

二 研究范围

本书所研究的慈善事业不是狭隘的救助性慈善事业，而是公益性慈善事业。慈善在英文中有两个对应的词，一个是"Charity"，另一个是"Philanthropy"。早期的"慈善"与"Charity"相对，带有浓厚的宗教（基督教）色彩，在很大程度上就是表现为珍贵的情怀与高尚行为，它与恩惠及感恩相联系，是用以表达一个人对他自己家庭（家族）以外的他人之善意行为。现代英、美等国家普遍采用"Philanthropy"一词代表慈善，指"为增加人类的福利所做的努力"。慈善活动已经远远超出对弱者的救助，不断向公共领域扩展，具有公益性特点，但济贫、赈灾等对弱势群体的救助仍然是慈善组织的工作重点，被列在慈善组织工作的首要位置。

在我国，由国家承担责任的最低生活保障制度仍未完善，慈善事业也处于初步发展阶段，所以慈善组织的活动仍集中于对弱势群体的救助。我国民政部门起草的《中华人民共和国慈善事业促进法草案》（2006 年 3 月修改稿）第 3 条对慈善事业（整体意义上的慈善活动）做出界定：本法所称慈善事业，是指公民、法人或其他组织自愿、无偿地给予慈善对象以及服务慈善对象的公益组织物质、资金、服务或其他方面善意帮助和支援的活动。但将慈善目的局限于弱者救助过于狭隘，既不符合慈善的历史实际（如历史上就有的修桥筑路之类的公益活动），更没有为慈善事业向公共领域的扩展留下空间。慈善事业在我国发展的合理方向也应是以"增进人类福祉"为目的，关注社会发展，在坚持以对弱势群体的救助为重点的基础上，不断向具有公益性特点的公共领域拓展。

第三节　分析思路与内容框架

一　分析思路

我国公共服务型政府转型不断深入。公共服务型政府以公共服务为核心，随着公共服务领域的不断扩大，政府财政支出日益增加，政府供给能力不断下降，客观上政府已难以维持对公共服务大包大揽的局面，所以需要形成公共服务多元供给的体系。公共服务除了政府供给模式外，还有市场供给模式和志愿供给模式。这与传统的政府供给公共服务、市场供给私人服务的二元格局截然不同，政府通过把更适合由市场和社会提供的公共服务转移出去而成为提供公共服务的多元主体中的一元。以非营利组织为主体的志愿供给模式反映了社会追求维护公共利益的共同价值取向，是一种把私人性的行动与对公共利益的关怀有效结合起来的途径。公共服务志愿供给模式在公共服务型政府治理框架中的作用将日益突出。慈善组织是非营利组织的最初形式，也是非营利组织中最重要的部分，所以对"公共财政制度下慈善组织如何发展"的问题进行专题研究，就显得十分必要了。而目前这一问题还没有引起足够的重视，尚无人进行专题研究。因此，笔者把本书的题目定为《公共财政制度下的慈善组织发展》，以期提出一点有价值的思考。首先，本书在第一章绪论中阐述公共财政制度下慈善组织发展的经济社会背景和理论价值，并明确界定所研究的慈善事业的范围不是狭义的"扶危济困"的传统慈善，而是现代公益性慈善事业。第二章对公共财政、慈善组织及其相互关系三个方面所涉及的相关理论做综述，勾画出公共财政制度下慈善组织发展的理论轮廓。第三章对中西方慈善事业发展的历史进行研究与总结，从而使政府（公共财政）与慈善组织的关系研究立足于追根溯源的高度，使我们对政府（公共财政）与慈善组织关系的发展方向的判断符合历史与现实的逻辑。第四章从理论和现实的角度充分论证当前建设公共服务型政府的改革必将推动政府（公共财政）与慈善组织的支配协作性关系模式向培育服务性合作关系模式转型。第五章分析我国慈善资源的现实状况，以期得出结论：我国具备潜在的慈善资源，在政府（公共财政）的培育服务性政策措施的扶持下，慈善事业能够发挥更大的动员慈善资源的作用。以汶川地震救灾为例，具体考察慈善组织的组织状况，以期得出结论：慈善组织已具备一定的组织基础，通过构建政府与慈善组织间的培育服务性合作关系来突破制约慈善事业发展的制度层面和行业层面的瓶颈，慈善组织能够成长为相对独立的、具有一定自治能力的、现代化的慈善组织。第六章着手建立政府与慈善组织间培育服务性合作关系模式的制度框架，进而研究如何适应政府与慈善组织间的培育服务性合作关系模式的需求，相应构建公共财政与慈善组织间的培育服务性合作关系模式，以促进慈善组织发展，建立与服务型政府相适应的公共服务多元化提供体系，最终完成本书所提出的研究命题"公共财政制度下中国慈善组织发展研究"。

二　内容框架

本书的内容框架用以下的结构图来表述。

第一章　绪论
构建分析的起点与思路，确定本书研究的慈善事业范围

第二章　公共财政与慈善领域相关理论综述
评述公共物品理论、慈善组织理论、政府与慈善组织合作提供公共服务的相关理论

第三章　慈善事业发展历史
将研究置于世界历史视野中，为探讨公共财政制度下慈善组织如何发展奠定历史基石

第四章　公共服务型政府与慈善组织的关系转型
论证建立政府（公共财政）与慈善组织间的培育服务性合作关系模式是适应公共服务型政府改革的需要

第五章　我国慈善资源与慈善组织状况分析
分析我国是否具备潜在的慈善资源以及一定的慈善组织来支撑建设政府（公共财政）与慈善组织间的培育服务性合作关系模式

第六章　公共财政与慈善组织间培育服务性合作关系模式的制度设计与完善
适应政府与慈善组织间培育服务性合作关系模式的要求，进行公共财政与慈善组织间培养服务性合作关系模式的制度设计，制定培育、服务于慈善组织的财税政策措施，以实现政府与慈善组织合作供给公共服务

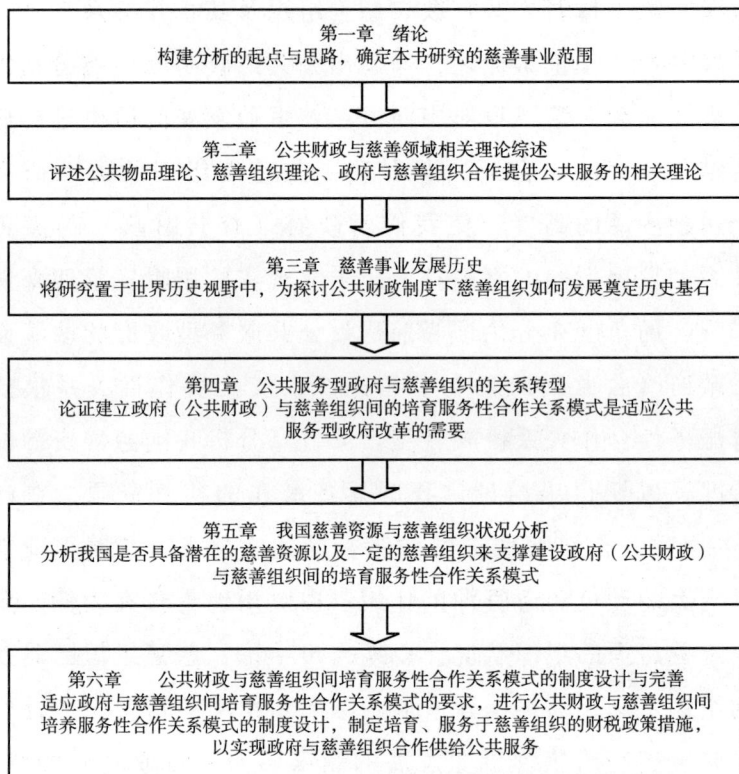

第四节　研究方法

本书主要采用理论与实践相结合、系统分析法、实证分析和规范分析相结合、比较分析法以及制度分析法等方法进行研究。

一　理论与实践相结合的研究方法

具体体现为以下三方面：一是根据实践需要来确定研究的重点，根据实践发展来选择研究的重点。对"公共财政与慈善组织关系"的研究本身就是这一方法的体现；二是运用实践材料

说明理论观点，分析评价理论时，运用国内外有关实践材料予以说明和论证；三是运用理论观点指导实践问题，如运用公共物品理论、公共选择理论、新公共管理理论、新公共服务理论、公共治理理论来分析公共财政制度下慈善组织的发展问题。

二　系统分析法

系统分析是一种根据客观事物所具有的系统特征，从事物的整体出发，着眼于整体与部分、整体与结构、结构与功能、整体与环境等的相互联系和相互作用，求得优化的整体目标的现代科学方法。本书使用系统分析法在政府－市场－非营利部门的三维制度空间架构下研究公共财政体制下慈善组织的发展问题，构建慈善组织与公共财政的新型合作关系，以发挥慈善组织在提供公共服务方面的比较优势，完善我国公共服务供给体系。

三　实证分析和规范分析相结合的研究方法

实证分析研究经济运动的实际过程，因此实证经济学是关于经济现象"是什么"的经济理论体系；规范分析则从相对独立的价值判断出发，说明经济应该如何运动，因此规范经济学是关于经济现象"应该是什么"的经济理论体系。实际上，实证分析和规范分析不能截然分开，因为实证分析一般以规范分析为前提并包含一定的规范因素，而规范分析则以实证分析所揭示的经济关系和所描述的经济过程为对象和研究基础。规范分析能够就一般性、普遍性的问题得出理论性的结论，作为宏观理论指导；实证分析则通过数据、事实、案例等方式更加客观地佐证结论或论点，更有说服力。本书将综合运用这两种方法。如本书拟就公共财政与慈善事业发展关系的基本理论、基本范畴等，进行一般性的探讨。为了分析和验证这些理论的科学性、可行性，笔者通过汶川地震救灾的资料，对公共财政与慈善组织发展关系及其相关影响因素进行实证评价，从而有针对性地提出对策建议。

四 比较分析法

比较分析法是通过对不同事物或同一事物在不同阶段的情况进行比较，从中找出共同点、本质或规律性的东西。本书用到的比较分析法主要体现在对政府或慈善组织提供公共服务进行比较分析。对英、美等国慈善事业的发展历史和特点与我国慈善事业的情况加以比较，立足我国国情，借鉴西方国家经验，构建我国政府与慈善组织间的新型培育服务性合作关系，制定支持慈善事业可持续发展的财税政策。

五 制度分析法

制度分析是近年来国内外社会科学研究的热点。制度分析的理论及方法论，其内核在于从一个整体的、相互联系的、辩证发展及历史的视角研究制度的变迁及其与社会、政治、历史、文化等因素的互动作用。本书把制度分析作为一种主要分析工具，将之贯穿到影响慈善事业发展的全部环节和过程当中，通过对相关决策主体、行为实施主体以及利益机制的制度分析来找准在公共财政框架下制约或影响慈善事业发展的障碍所在，从而得出科学、合理的对策思路。

此外，为了更清楚地论述，本书还运用了因素分析、静态分析与动态分析相结合等研究方法。

第五节 本书的创新点与不足

本书主要在以下几个方面进行了创新。

第一，本书的选题体现了财政理论研究的重心和内容转向具体制度的细化、健全和完善。公共财政制度已基本建立，我国财政理论研究的重心和内容，从以往偏重关注总体制度的选择，转到了主要研究具体制度的细化、健全和完善上来。

对公共财政制度下慈善组织发展的研究属于研究财政公共化变革对社会、经济、政治、文化以及人们心理和日常生活的影响的范畴，既为整个社会经济的全面转型提供服务，也使得公共财政的分析与结论建立在更为坚实的基础上。

第二，架构市场–政府–非营利组织的三维制度空间来研究公共财政制度下慈善组织发展的问题。公共服务型政府是"有限政府"，需要除政府以外的多元化的公共服务供给主体。非营利组织因其所具有的志愿性、自治性、非营利性等特征而成为除政府以外的提供公共服务的第一候选人。慈善组织是最早、最重要的非营利组织，且因其慈善性在提供公共服务方面与其他非营利组织相比，有更大的优势。所以，研究如何构建政府（公共财政）与慈善组织间的新型关系以促进慈善组织发展，就十分必要了。但是目前还没有学者对这个问题做专题研究。笔者尝试将慈善组织纳入公共财政制度空间，分析慈善组织提供公共服务的比较优势；运用新公共管理理论、新公共服务理论、公共治理理论，从理论上阐述公共财政制度下引致慈善需求与供给的因素；寻求政府（公共财政）支持慈善组织发展的最佳路径，推动慈善组织在政府缺少管理优势和企业不愿涉足的领域承担起社会事务管理的职能，从而完善我国公共服务多元供给体系，实现社会福利效益的最大化。

第三，提出构建我国政府与慈善组织间的培育服务性合作的新型关系模式。笔者研究了中西方慈善事业的发展历史，发现我国慈善事业的发展轨迹与西方截然不同。中西方慈善文化渊源不同，相应的主导力量也不同。英、美等西方国家的慈善事业起源于基督教，发端于民间，由民间主导。而我国慈善事业受"民本主义"和儒家"仁义学说"的影响较大，自古就有政府主导慈善事业的传统。当前，我国政府向公共服务型政府转型，推动着公民社会成长，为慈善事业的发展提供了社会基础。同时，公共服务型政府也需要慈善组织加强自身能力建设，成长为独立、自主提供公共服务的现代意义的慈善组织。笔者依据我国自身的慈善事业发展历史与现实国情，借鉴国际经验，建议改革目前政府（公共财政）与慈善组织间的支配性协作关系模式，构建政府与慈善组织间的培育服务性合作关系模式。

第四，为政府与慈善组织间的培育服务性合作关系模式做了制度设计。在构建了政府与慈善组织间的培育服务性合作关系模式后，接下来需要回答的问题是：我国慈善事业是否具备一定的慈善资源和慈善组织基础使政府对慈善组织的"培育服务性合作"能够落到实处，真正产生政策效果？笔者撰写了"我国慈善资源与慈善组织状况分析"一章，对我国慈善事业的发展状况做了从理论到实践的研讨，回答了这一问题。我国具备潜在的慈善资源支持慈善事业的发展和繁荣，阻碍慈善组织发展的瓶颈在制度和行业层面，只有建立政府与慈善组织间的培育服务性合作关系模式，突破这些瓶颈，才能促进慈善组织逐步走向成熟，实现我国慈善事业的繁荣。由此，笔者针对制约慈善组织发展的制度和行业层面的问题，提出了建立政府与慈善组织间的培育服务性合作关系模式的制度框架。

第五，构建了公共财政与慈善组织间的培育服务性合作关系模式。搭建好政府与慈善组织间的培育服务性合作关系模式的制度框架后，本书对公共财政制度下慈善组织发展问题的研究也就可以解决了。因为政府与财政在本质上是同一的，政府行政要以财政为依托，而政府转型也与财政转型同一。政府的财政资助导向、财政资助的领域及力度直接反映政府的政策导向。政府与慈善组织的关系要从支配性协助关系模式转向培育服务性合作关系模式，财政也要相应地向培育服务性合作关系模式转型。依据政府与慈善组织间培育服务性合作关系模式的制度设计，也就可以相应地具体设定公共财政与慈善组织间的培育服务性合作关系模式的政策措施。

本书的不足之处有以下几方面。

一是本书所研究的"公共财政制度下慈善组织如何发展"的问题，目前尚无系统研究，而这一问题涉及的领域又很宽泛，既包括西方经济学理论、财政学理论、制度经济学理论、公共行政理论、新公共管理理论、新公共服务理论，也涉及伦理学等问题，因此在分析论证的过程中难免有对相关理论认识不足的欠缺。

二是对公共财政制度下慈善组织如何发展的研究，必须着眼于制度层面和行业层面，仅凭在技术上提出政策改进建议很难从根本上解决问题。而从制度层面和行业层面考虑问题，对思考的完备性要求很高，本书在这方面也存在欠缺。

笔者对这一论题的研究主要是考虑到它的重要性和目前乏人研究的状况，希望以自己粗浅的研究，抛砖引玉，推进对这一问题的研讨。

第二章 公共财政与慈善组织
领域相关理论综述

本章的研究主题主要涉及公共财政和慈善组织两个领域及其相互关系，因此首先要对这些相关理论进行梳理与评述。

第一节 公共物品理论综述

公共物品理论是西方公共财政学的基础性理论，是理解政府、非营利组织（进而慈善组织）为什么存在而需要弄清楚的基本问题。这一理论目前在中国已经得到广泛的运用。中国运用其基本思路和分析方法，探索具体的财政问题，寻求最有效率的公共物品提供方式。

一 公共物品的特征

国内学者普遍接受了萨缪尔森－马斯格雷夫传统上的公共物品含义以及规范的公共物品理论。公共物品按照非排他性和非竞争性两大特征的不同组合，区分为纯公共物品、纯私人物品和混合物品。

纯公共物品同时具备消费上的完全非排他性和完全非竞争性；纯私人物品则同时在消费上具备完全可排他性和完全可竞争性；混合物品的特征介于这两种极端情形中间。现实中的纯公共物品是很少见的，更多的是介于纯私人物品和纯公共物品之间的混合物品。

二 "公共服务"与"公共物品"的辨析

"公共服务"比"公共物品"更确切。在传统的公共物品分析框架里，公共物品与公共服务是不加区分的。这源于新古典经济学中对物品和服务之间不加区分。经济学中的物品，应是具有物理形态的稀缺品；而服务，是与物品的使用目的和使用方式有关的该物品某些方面功能的展现。前者是有形的，后者是无形的。某种消费目的的实现，表现为同一过程的两个方面：一是实物物品的消耗；二是与不同方式相联系的某种功能的实现。就物品的实物形式而言，消费上的非竞争性并不现实。在物品和服务中间做出区分，从而在公共物品与公共服务之间做出区分，可以解释许多因"概念"而产生的争论。由此，我们很难承认这世界有所谓的公共物品，但确实不能否认存在公共服务。从更深层次来说，公共物品是实现公共需求的物质手段。而公共需求本身，不能从作为实现手段的公共物品的物质形态来定义，而只能从需求者本身，即人的角度来定义。在一个资源稀缺的世界里，如果完全独立地、排他地消费，则会产生效率损失（即使技术上能够做到排他），因为不满足最佳配置条件。人们有权自主地决定如何消费，或者集体地，或者私人地消费。对公共物品概念进行辨析的现实价值在于，它为建立在相容利益基础上的集体行动开拓了地盘，以免停留在政府失灵、市场失灵的两极之中，赋予人类以积极进取、改善自身福利的动力和能力。

三 公共物品理论的发展：公共物品供给的多中心格局

当代公共物品理论在运用过程中产生了一系列问题。比如至今非常流行的政策思路是，在界定某些事物是否应由政府干预以及干预的程度时，首先要确认其是否为公共物品以及公共性的程度，如果被确认是公共物品，则理所当然就由政府提供；其次要根据公共性的程度确认负有提供责任的政府级次，全国性公共物品由中央政府提供，地方性公共物品由地方政府提供。类似的政策分析隐含着如下看似合理、实则很成问题的逻辑：第一，公共物品可以客观地加以确认；第二，公共物品应由政府来提供。这种运用理论分析工具的方式，不可避免地使公共物品成为一种标签，成为政府行动合法化的工具，因而也使得作为这一分析工具之基础的公共物品的含义招致越来越多的批评。

当然，经济学界的批评往往是建设性的，虽然对公共物品－私人物品二分法提出异议，但仍然站在完善公共物品理论的立场上。这其中布坎南是很有影响的，他在 1968 年的著作《公共物品的需求与供给》的第 1 章中开宗明义地指出，相对于市场制度而言，人们经由政治制度表达需求和实现供给的物品和服务被称为公共物品。这说明布坎南已经认识到关注所谓公共物品的物理属性并无意义，因此他更为关注的是集体消费品的提供机制问题，提出了俱乐部理论，通过引入排他性产权的重要性，扩展了市场运行的有效范围。迈克尔·皮克哈特（2001）对布坎南的思路理解准确，他将当代公共物品概念中的"共同消费"重新回复为萨缪尔森最初所指出的"共时消费"，有效地论证了这一扩展过程。

国内学者马珺将迈克尔·皮克哈特的物品分类表与布坎南的物品分类图叠加起来，放在同一个坐标系上，互为印证地加以分析和运用。得出结论："如果说萨缪尔森－马斯格雷夫传统上的公共物品含义以及规范的公共物品理论告诉人们存在着源自集体行动的潜在收益以及实现这一收益的困难，而布坎南传统上的公共物品含义以及实证的公共物品理论则告诉人们如何借助于排他性的组织－制度安排，促进这种共同的潜在利益的实现。方法不外乎有三种，即自愿机制（市场机制）、政治机制（强制机制）、自愿的非政治机制。"①

另一个卓有影响的理论是 20 世纪 90 年代以埃莉诺·奥斯特罗姆为代表的制度分析学派在大量的实证案例研究的基础上提出的"多中心治理"理论，也称"公共池塘"理论。该理论认为在现实世界里，虽然有很多自主治理失败的例子，但更多的是自主治理成功的例子，而且这些成功的例子还持续几百年甚至几千年。埃莉诺·奥斯特罗姆令人信服地举出了大量成功与失败的案例，并进行经验分析，得出结论：人们完全能够自己组织起来进行自主治理。当然这需要满足以下条件：清晰的界定边界，占用和供应规则与当地条件保持一致，集体选择的安排、监督、分级制裁、冲突解决机制，对组织权的最低限度的认可和分权制企业等。

本书所研究的慈善组织是除政府与市场外最重要的公共物品的提供者，因此讨论其在公共财政制度框架下的发展问题，对公共物品的有效提供具有重大理论和实践意义。

---

① 马珺、高培勇、杨之刚、夏杰长主编《中国财政经济理论前沿（4）》，社会科学文献出版社，2005，第 1 版，第 308 页。

第二节 慈善组织领域的研究

慈善组织领域的研究主要包括慈善的含义，慈善组织的国内外研究综述，第三部门、非营利组织与慈善组织的关系，慈善领域两对基本概念的辨析。

一 慈善的含义

"慈善"无论是在西方文化还是中国文化中都有着悠久的历史渊源，但各自所承载的内涵有很大差异。中国现代"慈善"的含义与西方趋同，不断向公益性行为拓展，以提高人民的福利为宗旨，但其重心仍然是救助社会弱势群体。其本质是人类仁慈、善良、富有同情心的共爱之心，是奉献社会的自愿行为。

（一）慈善的词源

英文中有两个词都可以翻译为"慈善"。一个是"Charity"，另一个是"Philanthropy"。"Charity"一词源于古希腊，原意为"爱""亲爱"，在中世纪拉丁语辞书中被解释为"基督之爱"，带有浓厚的基督教色彩。Philanthropy 这个词是从希腊文来的，由 Phil（博爱）和 Anthropy（人类）两个部分构成，合起来就是"人类之爱"。这两个词演化至今，其含义各有侧重。相对来说，Charity 带有西方较强的宗教色彩，更强调针对穷人或困苦状态的人的帮助和救济，而 Philanthropy 的公益色彩更浓，不限于仅仅帮助穷人，它还带有提高福利水平的意思，强调对公共物品（教育、研究设施、公共建筑、体育、水利设施等）的捐赠①。

---

① 李芳：《慈善性公益法人研究》，法律出版社，2008，第 1 版，第 17 页。

现代慈善事业早已突破狭隘的救助领域而转向公益事业，目前国际上普遍采用 Philanthropy 一词来表述慈善。

在中国的古代典籍中，慈善原本是分开的两个字。"慈"的含义有三点。一是指母亲。古人称自己的母亲为家慈。二是指子女对父母的孝敬奉养。三是指父母的爱。后来，"慈"被引申为怜爱、仁慈等方面的寓意。"善"的本义是"吉祥""美好"。后来，"善"被引申为友好亲善，品行高尚。"慈"与"善"最初有一定区别，但在演化过程中逐渐趋近，都有仁慈、善良、富有同情心的意思。到明清以后，"慈"与"善"和为一词，将"思"与"行"相统一，标榜以慈心施善举的行动。随后，这个词经常被用来说明一种来自民间的有组织的公益性活动。"慈善"这个词的诞生，表明了近现代的善举与过往的个人善人之举有所不同，开始走向组织化①。

（二）慈善的现代定义

著名经济学家贝克尔（Gary S. Becker）从经济学研究的角度给"慈善"下了定义：如果将时间与产品转移给没有利益关系的人或组织，这种行为就被称为"慈善"或"博爱"②。贝克尔在这个定义中指出了慈善的两个特点：第一，慈善是一种自愿行为；第二，慈善行为是针对没有利益关系的人或组织的。布罗姆利（Bromley，Blake）的定义则突出了慈善活动的"动员"性：慈善是"把公民志愿帮助穷人和完善社会的愿望转化为具

---

① 谢志平：《慈善、企业慈善与政府工具选择》，载上海市慈善基金会、上海慈善事业发展研究中心编《慈善理念与社会责任》，上海社会科学院出版社，2008，第 1 版，第 110 页。

② 〔美〕加里·贝克尔：《人类行为的经济分析》，王业宇、陈琪译，格致出版社、上海三联书店、上海人民出版社，2008，第 2 版，第 321 页。

体社会行动的努力"①。

从国内研究来看，主要有两种观点。一种观点侧重慈善的精神价值："慈善是公众以捐赠款物、志愿服务等形式关爱他人、奉献社会的自愿行为。"②另一种观点突出了慈善的民间性、自愿性和无偿性："慈善是指个人及非政府组织自愿地对社会弱势群体或公益性组织进行的财物或劳务的无偿转让活动。"③

（三）慈善活动的主要方式

慈善活动的主要方式是慈善捐赠和志愿服务。慈善捐赠是捐助者对需要帮助者无偿给予财产帮助的慈善行为，即我国所得税法中所称的"公益、救济性捐赠"。我国所得税法对"公益性捐赠"采用了比较宽泛的方式加以定义，包括"教育、民政等公益事业"；对于"救济性捐赠"，则限定为"对遭受自然灾害地区和贫穷地区的捐赠"。"公益、救济性捐赠"和"慈善捐赠"的含义是基本一致的。

"志愿服务"是指个人出于自愿，不获私利地（无偿或以优惠条件）以知识、体能、劳力、经验、技术、时间等服务社会的行为。志愿服务一直是慈善行为的一种，20 世纪 70 年代以后，它才从慈善行为概念中独立出来成为一个专门词汇，以强调社会成员为公共事业而自觉自愿地提供劳务。

---

① Bromley, Blake, "Religious Reformation and Renaissanee Philanthropy", In: Perriand Isabel Vidal, eds., Delivering Welfare: Re-Positioning Non Profit and Cooperative Action in Western European Welfare States, Bareelona: CIES, 1994, p. 170.

② 徐麟：《中国慈善事业发展研究》，中国社会出版社，2005，第 1 版，第 28 页。

③ 彭腾：《论我国的慈善供给》，《财经科学》2008 年第 8 期。

（四）简要评述

慈善作为一个古老的概念，其内涵早已不是狭义的给穷人提供帮助、救济和施舍，也早已突破家庭内部的"父慈子孝"和人与人之间的友好亲善，而向公益性行为拓展，探索造成贫困等社会问题的根源，将解决社会问题和扶助弱势群体更多地建立在科学、理性的基础上。其本质是人类仁慈、善良、富有同情心的共爱之心，是奉献社会的自愿行为。

二　慈善组织的国内外研究综述

慈善组织是慈善事业最重要的组织形式，由于西方和中国慈善事业形成和发展的历史过程不同，以及目前所处的阶段不同，它们工作的目标和侧重点也相应有差异。

（一）国外研究综述

1601年，英国通过了《慈善使用法》。该法案奠定了慈善组织的理念基础，即将私人捐赠通过公开认可的身份转化为实现公共利益的工具[①]。

如今在英国，慈善组织必须符合《2006年慈善法》所规定的原则：为公众利益服务而且具备慈善目的。英国的《2006年慈善法》明确划分了13类慈善事业，只有从事这些领域活动的非营利组织才能被定义为慈善组织。在现代美国，主要从税法的角度来定义慈善组织：收入无须交税，而且其捐助者因其捐款而获得税收减免的组织[②]。总的来说，美国对慈善组织的理解较宽

---

① 〔美〕乔尔·J. 奥罗兹：《基金会工作权威指南：基金会如何发掘、资助和管理重点项目》，孙韵译，机械工业出版社，2002，第1版，第3页。

② 〔美〕贝奇·布查特·阿德勒：《美国慈善法指南》，NPO信息咨询中心译，中国社会科学出版社，2002，第1版，第3～4页。

泛，包括了所有提供公共物品和服务的非营利组织。

（二）国内研究综述

姚俭建等（2004）认为，作为第三部门组成部分的慈善机构或组织，属于由道德力量和志愿精神驱动的社会领域。其本身具有很多不同于政府和企业的个性和独特之处，比如非营利性、自治性、志愿性、利他主义、以弱势群体为服务对象等。无论是社会服务组织还是基金组织，其资金和其他资源的来源是多元的。这些资金和资源除一部分来自政府外，有相当大的部分来自各种营利组织、民间非营利机构和个人的援助[①]。

徐麟（2005）认为，慈善组织是纯粹为法理上承认的慈善用途而设立并主要进行救济弱势群体之慈善活动的非营利机构，是以民间为主体、以捐赠为主要基础的公益性的社团法人和财团法人[②]。

毛淑梅等（2008）认为，慈善组织是根据国家相关法律规定而设立的，并由具备一定素质的社会各界人士组成的，独立于政府组织之外的公益性社会团体。其宗旨是提倡人道主义精神，弘扬中华民族扶贫济困的传统美德，动员和组织社会各界力量，筹募善款资金，开展社会救助，扶助弱势群体，促进慈善事业的发展与社会和谐进步[③]。

（三）简要评价

现代英、美等国家的慈善组织活动已经远远超出对弱者的救助，不断向公共领域扩展，具有公益性特点，但济贫、赈灾等对

---

① 姚俭建、黄丹：《关于构筑中国特色慈善事业监督体系的思考》，《社会科学》2004 年第 10 期。

② 徐麟：《中国慈善事业发展研究》，中国社会出版社，2005，第 1 版，第 190 页。

③ 毛淑梅、孙强：《构建和谐社会背景下培育和发展慈善组织的策略研究》，《吉林省教育学院学报》2008 年第 9 期。

弱势群体的救助仍然是慈善组织的工作重点，被列在慈善组织工作的首要位置。

在我国，由国家承担责任的最低生活保障制度仍未完善，慈善事业也处于初步发展阶段，所以慈善组织的活动仍集中于对弱势群体的救助。但将慈善的目的局限于弱者救助过于狭隘，既不符合慈善的历史实际，如历史上就有的修桥筑路之类的公益活动，也没有为慈善事业向公共领域的扩展留下空间。慈善事业在我国发展的合理方向也应是以增进人类福祉为目的，以对弱势群体的救助为重点，不断向具有公益性特点的公共领域拓展。

三　第三部门、非营利组织与慈善组织的关系

慈善组织隶属于非营利组织，而非营利组织种类繁多，需要将慈善组织从中区别开来。另外，"第三部门"与"非营利组织"两个概念常常交替使用，因此首先要厘清这两个概念。

（一）第三部门与非营利组织的概念厘定

20 世纪 80 年代末，国际社会开始普遍地使用"非营利组织"和"第三部门"来指称政府机构和营利性组织以外的社会组织。这两个概念基本上没有什么太大的区别，可以交替使用。社会科学理论认为，社会存在三个部门：在政治活动领域的是政府组织，为第一部门；在经济活动领域的是营利组织，为第二部门；在社会活动领域的是非营利组织，为第三部门。第三部门是指依法成立的，不以赢利为目的，从事与公益或互益相关的事业，且利润不在所有者（创立者、管理者）中分配的具有正式的组织形式，属于非政府体系的社会组织。

"非营利组织"强调这些组织的存在目的不是为了赢利，这是对政府部门和以赢利为目的的企业之外的一切社会组织的统

称，非营利组织与政府部门、市场部门是现代社会的三大社会组织形式。研究非营利组织最具权威的约翰·霍普金斯大学的莱斯特·M. 萨拉蒙教授从"结构－运作"主义出发，归纳出定义。他认为，凡是符合组织性、私有性、非营利性、自治性和志愿性五个方面特征的社会组织都可以被看作非营利组织①。组织性，即这些机构都有一定的制度和结构；私有性，即这些机构在制度上与国家相分离；非营利性，即这些机构都不向其经营者或"所有者"提供利润；自治性，即这些机构都基本上是独立处理各自的事物；自愿性，即这些机构的成员不是法律要求而组成的，这些机构接受一定程度的时间和资金的自愿捐赠②。

（二）慈善组织是非营利组织，但有自身特点

慈善组织属于非营利性组织，具有非营利组织的共同特征。此外，它还具有自己的特点。

利他主义。慈善属于道德范畴，慈善行为的非强制性和自愿性，决定了社会成员的慈爱之心对慈善事业起着支撑作用。慈善活动具有明显的利他主义特征。正是这一点使它有别于其他性质的非营利组织。

贫富差别是社会基础。只有存在着贫富差别的社会，才有构成慈善事业的两个主体：有捐赠能力者与需要救助者。弱势群体是慈善组织的捐助服务对象。

社会捐赠是经济基础。慈善是一种混合型的社会分配方式，

---

① 〔美〕莱斯特·M. 萨拉蒙：《全球公民社会：非营利部门视界》，贾西津、魏玉等译，社会科学文献出版社，2007，第 1 版，第 3 页。

② 〔美〕莱斯特·M. 萨拉蒙：《全球公民社会：非营利部门视界》，贾西津、魏玉等译，社会科学文献出版社，2007，第 1 版，第 3 页。

慈善组织的资金来源并不只是社会捐赠，比如有来自政府的资助。但若无社会捐赠则无慈善事业，慈善组织生存与发展的独特经济基础是社会成员的自愿捐赠，只有具有相应的社会捐赠，才具备慈善行为的本源意义。

捐赠者的意愿是实施基础。慈善组织具有独立性的前提是尊重捐赠者的意愿。因为慈善组织是受捐赠者的委托来开展慈善活动的专业机构，是捐赠者与受赠者之间的桥梁。

公众普遍参与是发展基础。富人虽然应该承担更大的慈善责任，但只有社会成员普遍参与，才能使慈善事业具有更加广泛的群众基础与更加雄厚的经济基础，成为一切有能力帮助他人的社会成员共同参与的宏大的社会公益事业。

四 慈善领域两对基本概念的辨析

第一对基本概念是慈善与公益。当代慈善活动日益向公益性领域拓展，因而与公益这一范畴联系日益紧密，需要将两者加以区分。第二对基本概念是慈善事业与社会保障制度。由于慈善事业与社会保障制度在救助对象和实施日的上具有很多相似之处，因此，很多人都将慈善事业视作社会保障制度的一部分，然而，两者的实施主体不同，是一对需要厘清的概念。

（一）慈善与公益内涵的联系和区别

不少人直观地认为，慈善与公益本是一家，只不过前者的受益人偏重于个体，后者的受益人偏重于群体。社会学对此则有较为明确的区分：狭义的慈善概念是指社会公众建立在自愿基础之上的对于社会弱势群体的无偿救助行为，指的是给社会弱势群体提供帮助、救济和施舍，这是传统意义上的慈善概念；广义的慈善概念是指建立在社会捐助经济基础之上的社会性救助行为，指的是社会公益事业，不仅资助社会弱势群体，而且还有参与宗教、教育、科研、文化、环保事业等社会事业的发展。从狭义的慈善事业到广义的慈善公益事业，公益作为一种"大慈善"则被笼统地称为慈善公益事业。现代慈善公益机构不仅参与到协助国家救助社会弱势群体的传统慈善领域中，而且涉足对教育、法律、宗教、科研、环保等公共事业的关注，慈善和公益二者的界限逐步模糊。原民政部部长崔乃夫认为："慈善和公益，不仅在出发点上相同，而且归宿也一致。慈善也好，公益也好，出发点都是爱、爱心和对别人的帮助。而它们的归宿，也都是促进社会的公平，或者说实现再分配。只是中间有一点点差别。"①

（二）慈善事业与社会保障制度的区别

由于慈善事业与社会保障制度在救助对象和实施目的上具有很多相似之处，因此，很多人都将慈善事业视作社会保障制度的一部分，而现实社会中的社会保障部门也确实在执行着社会慈善事业的大部分工作。但是，慈善事业是民间行为，其资金主要来自社会捐赠（当然不排除政府捐赠），其实施救助的全过程完全是自主决定的。而社会保障制度则是政府行为，依靠财政支出来进行。因此，慈善事业并不从属于政府的社会保障制度，其管理的权限也是独立于政府的，不受政府的直接干预。但是，从慈善事业的对象和目的来看，由于它与社会保障制度的一致性，因而使其归入社会保障体系的范畴，是我国社会保障体系的补充形式。

---

① 刘佑平：《崔乃夫纵谈中国公益之路》，《公益时报》2004 年 1 月 24 日。

第三节　政府与慈善组织合作供给
公共服务的理论简介

针对现实生活中广泛存在的政府与慈善组织合作供给公共服务的现象，理论界提出了"第三方治理理论""公共物品的多元互动供给理论""慈善事业本身属于社会性保障事业"，这些观点从多个视角来解析政府与慈善组织合作供给公共服务的意义。

一　第三方治理理论

莱斯特·M. 萨拉蒙教授是全球有关非营利组织研究最著名的学者之一。他以实证研究为基础，提出了著名的"志愿失灵理论"和"第三方治理理论"，以此来解释美国广泛存在的政府与非营利组织之间普遍存在的伙伴关系。他认为，非营利组织并不是政府和市场的替代性满足机制，与此相反，政府是弥补志愿失灵的有效机制。正因为非营利组织和政府在各自功能上的优势和不足，两者才需要相互依赖和合作，精巧的第三方治理机制才得以在美国形成。在美国的四类非营利组织中，莱斯特·M. 萨拉蒙教授最关注的是第三类组织——公益组织，它们的存在主要是为别人服务，为那些处于需要中的人们提供商品或服务（包括信息或倡导），或者为大众福利服务。它们提供了美国大量的社会服务、医疗、教育、研究、文化、社区改良和公共倡导。在这个过程中，它们提供了一个重要机制，通过该机制，公民可以为支持大量的社区目标而结合起来，同时它们还提供了一种渠道，让慈善能够被用于有价值的目标。

莱斯特·M. 萨拉蒙教授还指出，非营利组织的发展需要大量的政府财政资助。他用两个实证分析的案例有力地证明了自己的观点。

案例 1：20 世纪 80 年代，里根政府对社会福利支出和非营利机构资助的削减，迫使非营利机构减少了对处于危难中的人群的关注，而更多的是将注意力转向收费服务。

案例 2：20 世纪 90 年代，克林顿政府增加了对非营利组织的资助，也并没有像有些人担心的那样，扭曲了非营利组织的传统目标，而是使得这些组织能够保持更强的、为穷人服务的传统慈善观念。如今，美国志愿服务组织与政府保持着密切的合作关系。

在对美国进行经验研究的基础上，萨拉蒙教授对世界图景中的第三部门兴起展开了经验研究，提出现在正在全球范围内进行着一场真正的"结社革命"，这成为 20 世纪后期重要的社会和政治发展现象①。

二 公共物品的多元互动供给理论

在现代社会中，"政府失灵""市场失灵"和"志愿失灵"的出现，说明在为社会公众提供公共物品的过程中，仅仅依靠市场、政府或慈善组织是不能实现公共物品的有效供给的，一个健全的实惠福利体系必须同时包括这三种机制的力量，因此在政府、市场和慈善组织间建立起一种积极的建设性的伙伴关系，发

---

① 〔美〕莱斯特·萨拉蒙：《公共服务中的伙伴——现代福利国家中政府与非营利组织的关系》，田凯译，商务印书馆，2008，第 1 版。

挥其各自的比较优势是非常重要的。由此，学者们提出了公共物品的多元互动供给论。

该理论由邓哈特夫妇（Denhardt，2000）提出，他们批判新公共管理主义中政府"掌舵人"的不当隐喻，指出公民才是社会的真正主人，政府应将公民的需求和利益置于首位，在行政执行过程中关注他们，行使服务于公民的职责。因此，政府的首要任务应是帮助公民明确表达并实现需求和利益，而不是试图去控制或驾驭之。政府不仅要亲自参与公共物品的生产和供给，而且要为社会大众提供发表意见、表达需求和其立场的机会。政府的职责不仅是通过促成妥协而简单地回应不同的利益需求，而且应是鼓励公民采取一致行动，促成对公共福利更深层次的理解。此外，政府还有责任充当"中间人"，将能够参与到公共物品生产和提供过程中的多方面力量集中在一起，通过协商和谈判来达成合作，其主要模式是通过政府、私人部门和慈善组织间的合作来面对多元化的公众需求。这样就形成了政府、公民、社会及市场主体多元化的公众需求，形成了政府、公民、社会及市场主体多维互动的新局面。

"多元互动供给理论"主张尊重公民权，重视公民参与，强调政府责任、公民精神在公共物品供给中的作用。它认为政府的责任应建立在对社会民众的服务精神之上，为其提供公共物品和福利服务，并由此激发市场、慈善组织、全体社会民众及其他公共物品的可能供给主体的社会责任感。因此，政府要努力创造一个利益共享、责任共担的机制，并联合所有可能的服务力量来共同致力于寻找并形成一种令人满意的公共物品生产和提供方式。事实上，多元互动供给理论试图寻找一种合作战略模式，通过充分利用社会生活中各方面的资源，来追求公共物品提供过程中的效率、效益最大化。

三　慈善事业本身属于社会性保障事业

我国以郑功成为代表的学者们认为，慈善事业本身属于社会性保障事业，从而应当被现代社会保障体系所包容，社会保障与慈善事业的关系既是整体与部分的关系，也是基本保障与补充保障相互配合、相互协调的关系。中国的社会保障制度改革已经摒弃了相互分割与自我封闭的国家保障制、企业或单位保障制和乡村集体保障制，代之以社会化、多层次化的新型社会保障制度，慈善事业是新型社会保障体系中的一个较为特殊的层次。从目前的现实出发，新型社会保障制度的设计已经给包括慈善事业在内的补充保障留下了很大的空间，它的完善需要慈善事业的发展来配合。

慈善组织从本质上排斥政府的行政干预，但并不排除政府财政的援助。慈善组织通过自己的活动减轻了政府的社会保障责任和相应的财政压力，这是慈善组织对国家财政所做的贡献。而政府财政若想更好地利用民间的力量来满足国民的需求，减轻自己的负担，同时实现社会的和谐发展，也应当通过适当的方式来支持慈善组织的发展，其中最重要的方式是直接拨款和利用税收优惠政策来支持慈善组织的发展。

综上所述，一方面，公共服务是社会向所有成员提供的，以成员的需求、物品的社会相关性以及集体分享为标准来进行社会分配的产品和服务，具有非排他性、非竞争性，以及消费效用的不可分性、公益性、外部性等特征。另一方面，社会公众对公共服务需求的差异性，使得公共物品的生产和提供不能仅从单一渠道来实现，只有通过多元化供给渠道的合作和协调，才能在真正意义上实现充分和持续的供给。慈善组织具有非营利性、公益性、自愿参与、中立自主和多样灵活等特点，不仅能弥补或纠正"市场失灵"，而且还能在弥补"政府失灵"方面发挥重要作用。但是慈善组织自身所存在的一些缺陷导致了"志愿失灵"现象的出现。在这种情况下，无论是慈善组织替代政府，还是政府替代志愿部门，都不如二者之间的合作有意义。因此，政府与慈善组织之间的合作，是一种逻辑和理论上都很明智的折中方案。在实践中，世界各国都根据自己国家的慈善传统和具体国情开展了政府与慈善组织的合作，由政府向慈善组织提供了大量的财政支持。

第三章　慈善事业发展历史

慈善事业源远流长，在中西方文化中，"慈善"思想都可以溯及古代。我国慈善事业的发展处于经济全球化的大背景下，要想构建既与历史发展轨迹相契合，又符合我国现实国情的政府与慈善组织间的新型关系，进而建立财政与慈善组织的新型关系，就必须从慈善事业发展的起源入手，厘清中西方慈善事业发展的脉络，才有可能勾画出合乎历史与现实逻辑的当代中国政府（公共财政）与慈善组织的新型关系，促进慈善事业的繁荣与发展。

第一节　以英、美两国为代表的西方慈善事业发展历史

西方慈善源于基督教教义。自古以来，基督教都倡导个人对正义、和平和集体福祉负有不可推卸的责任。《圣经》中更是处处充满博爱、施舍、利他、济世等神性谕示和榜样事迹。英国的民间慈善组织有着悠久的历史，1601 年英国颁布了世界上第一

个有关民间慈善组织的法规——《慈善用途法》，而现代慈善事业始于美国，因此本书以英、美两国为代表，研究西方慈善事业的发展轨迹。

一 英国慈善事业发展历史

英国慈善事业的发展可以分为三个阶段：18 世纪以前的早期发展阶段是现代慈善事业的先声，其成就体现于《伊丽莎白法规》的颁布；18～19 世纪是英国慈善事业的兴起阶段，慈善组织开始由扶贫济困的传统领域向追寻贫困根源、关心人类福祉的公益性领域拓展，政府与民间慈善组织形成了分工；20 世纪以后是慈善事业发展的第三个阶段，英国发展为现代福利国家，慈善组织退居次要地位，但仍发挥着重要作用。政府与慈善组织的关系随着英国福利政策的变化而变化。

（一）18 世纪以前慈善事业的先声与政府的作用

英国民间慈善组织的历史最早可追溯到 12～13 世纪。中世纪的欧洲，每一座寺院都有责任收容乞丐、救助老弱病残，并安排有劳动力的流浪者劳动自救，同时也有权劝说或强迫其所在辖区内的有产者捐款济贫。到 16 世纪，英国的政治、经济、社会、宗教都发生了激烈的变化和震荡。随着工业化的发展，贫富悬殊扩大，济贫工作所需要的规模也急剧增长。在这种情况下，1601 年英国议会通过了《济贫法》，与此同时，伊丽莎白女王颁布了《英格兰慈善用途法规》，通常把二者统称为《伊丽莎白法规》。这一法规使慈善机构具备私人和公共双重职能，承认其一定的独立地位，同时又置于国家监督之下，最终监督和仲裁权在首相。《伊丽莎白法规》在多方面都具有开创性，如实际上开始了调解税收制、慈善事业世俗化、援助对象世俗化以及有效的监督管理机制等，因此在慈善事业发展史上被认为具有里程碑的作用，是现代慈善事业的先声。

（二）18～19 世纪慈善事业的兴起与政府的作用

18～19 世纪是英国工业化和都市化急剧发展的时期，被称为"维多利亚盛世"。经济发展造成了越来越大的贫富分化，大量贫民涌入城市，失业问题和贫困问题造成了社会的不安定。针对当时存在的社会问题，英国在 1832 年出台了《新济贫法》，政府开始介入和干预贫困，但政府力量并没能解决从 19 世纪中叶以来一直存在的各种慈善机构功能重叠、资源浪费和政府效率低下问题。在这样的背景下，英国最早出现了以有效、合理地调配社会资源来帮助城市贫民为目标的新一代慈善组织，即 1869 年在伦敦成立的慈善组织协会，设立了专事管理与联络的中央机构，它是英国慈善委员会的最初形式。

19 世纪末，英国政府和慈善组织之间形成了分工：政府管"不该穷的穷人"，慈善组织负责"命里注定的穷人"。这期间，直接提供慈善服务的通常是慈善组织，政府很少参与。

（三）20 世纪以后慈善事业的发展与政府的作用

20 世纪初，英国政府逐步承担了教育、卫生保健、社会福利、最低收入保障等主要责任。由此，英国演变成为一个福利国家。由于政府的大幅介入，慈善组织的地位转化为配角，但并没有消失，并在日后的 20 世纪 50～70 年代继续活跃在社会生活的各个领域，尤其是政府渗透较少的领域，如托儿服务和养老服务。

第二次世界大战以后工党执政，为加速恢复战后经济，实行国有化政策，原来由慈善组织提供的社会公益服务也由政府接管。20 世纪 70 年代，保守党的撒切尔政府面临政府公共部门效率低下、机构臃肿等问题，因而掀起了"私有化"浪潮，将许多原来由政府提供的公共服务以委托等方式转交给民间慈善组织，使政府公共部门与民间慈善组织之间形成了合作关系，对志愿行动的性质、慈善组织的独立性，以及它们在探寻解决社会问题的新办法中的作用提出了值得思考的问题。1993 年，英国重新修订了《慈善法》，规定英国慈善委员会由财政全额拨款，其工作人员属于公务员，依法独立行使对慈善组织和机构的监督职能。1995年，工党重新执政，布莱尔政府推行公共部门的"现代化"改革，提出政府要与慈善组织积极合作。这种合作的标志是 1998年 11 月签订了《政府与志愿及社区合作框架协议》。英国政府公布的《2006 年慈善法》，是对民间公益性组织进行现代法治化管理的重大举措。新法最显著的特点是从实际出发，摒弃了沿用400 年之久的过时做法，彻底改革了民间社会公益性事业的法律定义和相关规定。第一次以法律条文的形式为民间社会公益性事业下了个完整的定义，只有为公众利益服务而且具备慈善目的的事业才能被认定为民间公益事业，具体划分了 13 类慈善事业。在政府的支持下，英国慈善组织繁荣发展。据英国慈善委员会统计，截至 2004 年底注册的慈善组织为 189530 家。总人口仅 5000多万人的英国有将近 20 万家慈善组织，可见其慈善活动的发达程度①。

二 美国慈善事业发展历史

美国慈善事业的思想传统来自欧洲，特别是英国。17 世纪中期，英国向美国大规模移民，慈善事业也传到了美国。美国的慈

---

① 孟令君主编《中国慈善工作概论》，北京大学出版社，2008，第 1 版，第32 页。

善公益事业和慈善思想与殖民开发同步发展，但是一旦到了美国，慈善事业就有了在新的条件下的创新，并非照搬英国的经验。其中最主要的区别是，在美国，捐赠并非强制性的，政府监督也远弱于英国，慈善工作的兴起与发展基本上呈现民间主导型特点。

（一）美国早期慈善事业

从 17 世纪中叶到 18 世纪 70 年代的 100 年中，美国已经开始有了从早期的慈善救济发展到社会慈善公益事业的雏形和一套思想，认为慈善事业的起源是贫富不均，其作用就是缓解这种不均所带来的痛苦（包括个人的和社会的），但不是均贫富。

19 世纪 30 年代，托克维尔访问美国时发现美国富人与穷人之间有一种共同的价值观念和经济原则。美国人认为致富是个人的权利，但大家公认，富人财富的最好去处就是举办慈善公益事业。这个时期尽管捐赠的对象五花八门，但重点已经突出——不约而同地集中于教育，认为普及正常的基础教育是治理社会弊病之本。这成为 20 世纪文化教育是慈善公益事业重点的先声。从基督教的悲天悯人出发，私人零星的慈善活动逐步发展到集体的慈善公益事业，再发展到社会改良，然后到解放黑奴，是一条合乎逻辑的轨迹。

（二）美国现代基金会与政府的关系

现代慈善事业兴起于美国，其特点是：以基金会为主要组织形式，使相对零散的捐赠演变为合理化、组织化和职业化的公益事业；把探索社会问题的根源和扶助弱势群体更多地建立在科学的、理性的基础之上。

随着 20 世纪的到来，美国的慈善公益事业发生了很大的变化，因为此后成立的大基金会较之 19 世纪的公益慈善组织进入了一个新的阶段。这些新的基金会大多有广泛的宗旨，其性质是私人的、独立的，但是管理方式集体而正规，有自行选举的董事会、专职领导和工作班子，其服务对象是全社会。20 世纪上半叶开始发展了众多而庞大的基金会，开创了诸多事业，以至于成为一种社会力量，与其他非营利机构一起成为一个独立的社会部类。这是 19 世纪的美国和至今美国以外的地区都无法比拟的。

美国的大基金会构成了美国权势集团的主要部分，但同时它又独立于政府之外，而且特别注意保持自己的非官方性和独立性。它与政府在主要政策上配合默契，但又保持距离，有时还会有矛盾。政府部门对大基金会的政策态度随着政治环境的变化而不断调整。

1. 补充和配合

慈善事业从根本上说是私人行为。美国人从立国之初就本能地对政府权力过大疑虑重重，其宪法的主要精神之一是限制政府的权力。私人慈善公益事业填补了时代急需而政府鞭长莫及的真空。基金会的创立者是美国社会的精英，他们热爱自己的国家，希望改良社会，维护社会的稳定。而且大基金会财力雄厚且具有现代化的组织模式，的确起到了缓和社会矛盾、稳定社会的作用，客观上对政府有帮助。美国各级政府，尤其是地方政府历来都给予慈善组织税收优惠。此外，美国政府还向大基金会和其他慈善机构购买公共服务，既支持了慈善组织的发展，又实现了政府有效供给公共服务的职能。

2. 税法的调控作用

美国政府采用税收制度对大基金会和其他非营利组织进行调控，只有联邦政府有权决定减免税收。政府对大基金会和其他慈善组织的税收监控集中由财政部国内税务局根据国家颁布的有关法律统一管理。税务局有专门的部门——雇员计划和免税组织处负责管理。美国适用的相关法律为税法中第501（c）（3）条款。

申请免税的慈善组织要按规定的程序向税务局提交报告，经审查合格后，才能发给免税许可证。税务局对已经获得免税资格的慈善组织仍会定期审查，要求它们提交报告并对其捐赠的实际情况进行调查，然后向国会递交慈善组织的情况报告，如有需要，则对有关立法提出修改意见。政府监督的重点是这些组织是否严格遵守税收制度，有无滥用免税的优惠，是否存在权力过大而失控的问题。违章者将受到处罚，甚至收回税收许可证。

3. 争议与摩擦

现代基金会尽管是慈善公益组织，但也受到各方面的怀疑和批评，国会对它的调查也不断。左派关心的是基金会有无"不合理的积累财富"，右派则对其改良主义倾向、扶助弱势群体的工作计划以及对社会问题研究的自由主义观点心存疑忌。在不同的历史时期有几次比较重要的国会行动。

4. 采用行业组织和行业管理

依据国家法律法规，慈善组织实施本行业的自主监督管理，成为美国民间主导型慈善公益模式的重要特点。行业组织的主要任务是通过发表年鉴、研究报告等形式，公布相关信息资料，维护慈善组织的利益，制定和建立行业规范，加强慈善组织之间的沟通、合作，开展慈善组织的研究，实现民间机构的行业性管理。

第二节　中国古代与近代慈善事业发展历史

早在3000多年前，中国就出现了慈善事业的萌芽。此后，随着历史的发展和社会的进步，慈善事业越来越具体，覆盖面越来越广阔。中华民族的慈善事业对改善贫苦和困难群体的生存状况、缓解社会矛盾和提高社会的凝聚力发挥了重要的作用。

一　中国传统慈善思想

中国古代慈善思想的核心是以孔子的"仁爱学说"为突出代表的儒家伦理思想。古代慈善理念的目的是维护国家统治，儒家的"民本主义"和"施仁政"的主张都是鼓励政府积极开展慈善活动。荀子和董仲舒所倡导的世界大同的和谐社会理想，丰富了儒家慈善思想，认为只有人与人之间互助互济，才能战胜自然，是人类生存和发展的客观需要。但是，儒家慈善思想以"重社稷"的理性政治为最高准则，其目标重在社会控制。汉代"独尊儒术"后，国家积极主导慈善活动的思想一直得到贯彻。从韩愈的"博爱"到张载的"民胞物与"，仁爱思想一脉相承，并得到发扬光大，对缓解处于皇权统治下劳动人民的生活痛苦，形成中华民族的传统美德，慈善活动实践都产生了深远的影响。

墨家兼爱、贵义、互助、共济的慈善思想是中国古代传统慈善思想不可或缺的部分。墨子把"重利"与"贵义"一体化，认为利天下就是最大的义，反对只顾自己不管别人的做法。墨子兼爱天下，以匡世济民为己任，身体力行，体现了一种乐善好施、积极参与的慈善风范。墨家的"兼爱"思想，是最具"社会性"的济贫思想。

中国传统文化认为，爱是人的天性，是内在的道德精神的表现，这成为我国古代慈善文化的思想渊源，中国传统的慈善思想的理论基础是建立在"仁爱"思想之上的人道主义精神。

二　中国具有"政府慈善"的传统

中国慈善活动不仅形成早，而且从一开始就由政府主持。但"政府慈善"的保障层次低，主要在保障最低生活水平的扶贫济困层面上。此外，"政府慈善"还不够稳定。在王朝的鼎盛时期，慈善工作比较兴盛，对维护国家统治和社会稳定发挥了积极作用；在王朝的末期则衰落，发挥的作用就十分有限了。中国的"政府慈善"虽然由政府主导，但各种社会力量积极参与，比如佛教寺院和地方富豪设立的悲田院、普济堂、育婴堂、清节堂等，这些民间慈善活动是对政府的慈善工作的有力补充。

（一）中国古代政府慈善的特点

1. 政府慈善形成早，介入程度深

据史记载，商汤时已开始采取"饥者食之，寒者衣之，不资者振之"的慈善措施。春秋战国时期，社会慈善制度已初步形成，《周礼》中的"十二荒政""保息六政"和《管子》布兴"六德"、行"九惠之教"就是证明。秦汉以来，随着中央集权制国家的建立，慈善制度开始在全国范围内得到广泛推行。可见，中国传统慈善制度不仅形成早，而且从一开始就由政府主持。

2. 各种社会力量共同参与

中国历史上出现的常平仓、六疾馆、独孤园、居养院、惠民药局等慈善机构均由国家出资兴办且直接掌控，但由社会力量举办的慈善机构也比比皆是，比如佛教寺院和地方富豪设立的悲田院、普济堂、育婴堂、清节堂等，附属于宗族的族田义庄，工商业组织所创立的同业互补机构等都属于此类。但如对这些民办慈善机构的运营过程仔细观察，常会发现政府的影子，民间慈善机构通常得到国家的支持，具备"官督民办"的性质。民办慈善机

构的运营有效地补充了政府慈善工作的不足。

3. 政府慈善保障层次低，发挥的作用不够稳定

中国古代的慈善制度措施中，无论是救灾备荒，还是收养孤残，都集中在对各种社会弱势群体的帮助，使其不至于冻死、饿死。从总体上看，中国传统慈善措施的层次是比较低的，集中在只能保障人们的最低生活水平的社会救济层次上。历代王朝建立的前期，各项制度的运行状态尚属良好，慈善制度在保障民众生活和维护社会稳定方面尚能发挥作用。但到了王朝的末期，贪污腐败之风盛行，社会制度往往名存实亡，慈善制度发挥的作用就很有限。

4. 慈善制度具有鲜明的伦理特色

中国慈善制度的伦理思想基础虽然多种多样，有民本主义、儒家"仁义学说"、佛教慈悲观念与善恶报应学说、民间善书所反映的道德思想、宗族观念等不同来源，但是国家的慈善制度受民本主义和儒家"仁义学说"的影响较大，具有明显的"差序等级"的伦理层次。

（二）近代政府慈善工作发展

1840 年鸦片战争后，中国进入了半封建半殖民地的近代发展时期。整个近代时期，中国主要是在战争中度过的，内忧外患不断，清政府在战争中不断失败，被迫割地赔款对外开放，在中国思想界引起空前震动。先进中国人在反思过程中，提出要学习"夷情"，这是中国人睁眼看世界的开始，也是中国传统慈善事业发生转变的开始。

相对于传统慈善事业而言，近代慈善事业发生了明显变化，慈善理念开始转变，慈善机构的职能也发生了变化。不仅传统慈善堂的内容有所增加，而且出现了新的内容和更广泛的社会公益

机构。慈善事业的内涵转变，"养""教"并重。同时，在众多慈善思想家、实践家的推动下，也促使清政府对传统慈善事业进行变革。1909年清政府颁布了《城镇乡地方自治章程》，规定8项自治事宜，其中有6项涉及地方慈善公益事业，包括兴办学务、卫生、道路工程、农工商务、善举、公共营业等，促进了地方慈善工作的发展。

三　中国明清时期民间慈善的发展

纵观中国慈善事业发展的历史，可以看出中国慈善事业起源于政府慈善，发展壮大于政府慈善，在政府举办慈善事业的过程中，也出现了民间慈善，并且随着封建社会后期的到来，特别是进入明清时期，民间慈善逐步发展壮大，在清末超过了政府慈善。由于民间慈善活动主要出现、发展和兴盛于明清时期，因此主要总结一下明清时期民间慈善的特点。

（一）明清时期民间慈善是政府慈善的重要补充

明朝时期，政府对社会慈善还相当重视，但是一遇灾荒年景，政府财力难以承受时，就呼吁社会力量帮助，民间慈善事业由此兴起并趋向兴盛，这在经济富裕、文化发达、传统思想浓厚的江南一带表现得尤为明显。明清时期，尤其是清代，参与民间慈善活动的社会成员具有广泛性，民间慈善活动是全方位、多层次进行的。慈善举办者由地方富人士绅的义举发展到有组织的团体机构，随着一些地方商品经济的高度发展，工商业者也开始成为慈善事业的重要力量。明清时期，民间慈善活动涉及社会福利的方方面面，民间慈善机构数量大、规模大、财力充足、慈善内容丰富，慈善活动经常化。民间慈善注重对慈善救助对象进行劝善，如明朝的同善堂通过制定《同善会式》，召开慈善讲堂，进行道德教化。

（二）清朝末期民间慈善事业逐步向近代公益性慈善事业转型

清朝末期，民间慈善在前期发展的基础上又有新的发展，特别是随着清朝对外战争失败后，外国文化的进入，包括慈善文化的进入，在中国思想界产生了震动，引起了慈善理念的转变。随着 19 世纪末期重大自然灾荒和战争引起的灾害，民间慈善人士在慈善实践活动中逐步探索成立了近代慈善机构。如清末著名绅商经元善 1878 年开始发起创立的"赈灾公所"，规模宏大，影响海外；1881 年前后，江浙等地的士绅在天津成立的"广仁堂"，更是把慈善的内容进行了全面扩展，逐渐转变为近代慈善公益事业。可以说，是民间慈善事业的逐步转型带动了整个中国慈善事业逐步向近代公益性慈善事业转型。

第三节　新中国成立以来慈善事业概况

新中国成立至今 60 多年来，慈善工作伴随着中国社会的沧桑巨变，先后大致经历了三个阶段：第一阶段为调整改造时期（1949～1954 年）；第二阶段为衰亡与停滞时期（1954～1981年）；第三阶段为复兴与发展时期（1981 年以后）。本节将对第一、二阶段的历史做出回顾与总结，然后在下一节就我国当前正在经历的第三阶段进行分析。

一　1949～1981 年新中国慈善工作概况

1949～1954 年新中国慈善工作的调整与改造。新中国成立后，为了尽快在旧废墟上建立一个崭新的中国，党和政府在恢复经济秩序，发展文化、教育、卫生等各项事业中做出了巨大的努力。

直至 1950 年，政府才对慈善工作给予相应的重视，并制定了新中国的慈善工作方针政策：一方面是接收、改造旧社会留存下来的各种慈善机构；另一方面则是新建一批社会福利救济机构和设施。1954 年前后，中国内地已经不再有完全意义上的民间慈善组织。

1954～1981 年新中国慈善工作的停滞时期。经过 20 世纪 50 年代初期的停办、接收、改组和合并，原有的慈善机构或是不复存在，或是转变为政府的附属机构，成为带有官方色彩的福利保障体系的一部分。但也由此使社会自治和自发组织能力受到抑制，慈善事业也逐渐转化为政府主导的济贫帮困行为，纳入政府财政体制中。此后 30 年里，由于政治、经济和思想意识等方面的因素，全国没有出现一个从事慈善工作的社会团体或民间组织。不仅如此，原有的一些福利救济机构也因受政治运动的冲击而遭到破坏。如中国红十字会在"文化大革命"开始后被冠以"封资修"的帽子而遭到批判，其工作被迫停顿达 10 年之久。加之中央内务部和地方福利机构也都被迫撤销和合并，因此，在 1954～1981 年的近 30 年间，中国的慈善工作基本处于停滞状态。

二　1981 年以后新中国慈善工作的复兴与发展

改革开放以来，随着经济体制改革的不断深入，社会空间不断扩大，中国慈善事业也从无到有，逐渐发展起来。进入 20 世纪 90 年代，慈善组织迎来了新中国成立以来的第一个发展时期，大量慈善组织成立并开始向制度化方向发展。慈善组织尤其在慈善救济和慈善教育两个领域做出了较大贡献。中国慈善组织的发展是政府为适应经济体制改革的需要而推动进行的，政府与慈善组织之间形成了支配性协作关系。

（一）新中国慈善工作复兴与发展的表现

党的十一届三中全会后，全国在"解放思想、实事求是"的路线方针指导下，开始进行各个领域的拨乱反正。中国相继进行的经济体制改革、政治体制改革和社会改革为中国非政府组织的发展提供了必要的条件，也为慈善事业的回归创造了条件。随着经济改革的深入和社会转型与变迁，社会救济问题也越来越突出，政府面临的困难也越来越多。因此，人们试图在救济工作中引入民间力量，开始主张发展民间慈善工作。特别是20世纪90年代以后，社会步入快速转型期，以产权多元化和经济运作市场化为基本内涵的经济体制改革直接促进了一个相对自主的社会的形成，人们的权利意识、政治意识和平等观念明显增强，市场经济的发展正在产生多元化的利益群体和利益格局。可以说，随着市场经济的逐步发展，人们越来越认同这种利益结构的合理性、公正性，对自己的切身利益也越来越关注，社会的自治性活动机制也随之越加活跃。由此产生了一些自下而上的纯民间组织，因为在政府和市场之间需要有沟通中介，政府有意识地培育了许多非政府组织。以"小政府、大社会"为标志的社会改革使得社会从政府手中接管了许多社会管理职责，近年来民政部门推行的"大民政""社区建设""社会福利社会化"等举措，使中国非政府组织的发展有了更为宽松的环境和更为广泛的基础，慈善组织也得到一定程度的发展。

慈善工作的复兴大致可以从中国儿童少年基金会的成立为起始。1981年7月，中国儿童少年基金会在北京成立，这是新中国成立以后中国内地第一个以募集资金的形式为儿童少年教育福利事业服务的全国性社会团体和非营利性的社会公益组织。由此，开启了中华慈善工作发展的新篇章。20世纪80年代末至20

世纪 90 年代初，中国已出现了一大批慈善组织。这些组织的建立和发展，是中国慈善工作复兴的重要标志。

1993 年 1 月，中国出现了首家地方性慈善组织——吉林省慈善总会，这也是最早以"慈善"命名的社会团体，而 1949～1993 年的 44 年间，中国是没有一家直接以"慈善"为名的组织的。1994 年 4 月，新中国成立以来第一个全国性的民间慈善组织——中华慈善总会在北京成立，拥有创始资金 2200 万元，它的成立标志着中国的慈善工作进入了现代慈善事业的发展新时期。截至 2009 年，全国共有基金会 1843 个，比上年增长 15.4%，其中公募基金会 1029 个、非公募基金会 800 个、境外基金会 14 个。2009 年，基金会共接收社会各界捐赠 183.6 亿元①。经过 10 多年的发展，我国慈善工作已经具备了规模化和组织化发展的特点。

总体而言，中国慈善事业在近年来有了突飞猛进的发展，对济贫解困、缓解社会成员生存危机和促进社会和谐稳定发展起到了重要的作用。但和国外慈善事业相比，中国慈善公益事业发展仍相对滞后，主要表现在：政府支持和培育慈善组织的制度不健全；政府购买慈善组织开展社会服务的机制没有建立；慈善事业的法律法规不健全；社会慈善意识和健康的财富观没有得到普遍认同；慈善组织专业化程度较低；对慈善项目的开发和提供社会服务的能力不强；慈善事业的规模和水平有限；还没有完全发挥社会保障的补充作用和作为第三次分配机制在缩小贫富差距中的应有作用。

（二）当代中国政府与慈善组织间的支配性协作关系

当代中国，民间组织和公益事业的发展呈现不同于国外的特

---

① 民政部《2009 年民政事业发展统计报告》。

点。在国外，民间的各种社会组合，特别是各种各样的社会团体，是与国家相分立的产物，其存在首先是以利益团体的权利分化和自主性为前提的，然后是在权利分化的基础上通过一系列制度安排将这些分化的利益整合起来。而在中国，从"总体性社会"向"后总体性社会"的社会转型以及"后总体性社会"的结构性特点使得民间慈善组织和慈善公益事业的发展问题变得复杂。田凯博士提出，中国公民社会的发生背景决定了慈善组织与政府的关系在功能定位、运作机制、价值取向方面体现出重要特性，慈善组织的功能履行仅仅处于协作的地位，尚不足以强势到与政府讨价还价以及平等合作①。中国公民社会的特点决定了政府与慈善组织的支配性协作关系。

1. **慈善组织在社会结构定位上与政府的补充性强、分权性弱**

在"总体性社会"中，国家用国家福利全面替代了慈善组织，慈善组织在中国其实已经不存在了。在"后总体性社会"中，政府为了让慈善资源补充满足公共服务需求，让渡出部分社会空间，这样，慈善组织得以重新出现，并逐渐发展。慈善组织的形成领域、活动范围与政府让渡出来的空间密切相关，甚至与民政部门是一个单位两个牌子。再加上中国目前公民权利意识还比较淡薄，权力制衡的机制也不健全。这就造成慈善组织地位非常脆弱，容易为政府部门所控制，也容易为赢利的动机所诱导，偏离自己的使命。

2. **慈善组织在功能作用上与政府的执行性强、自治性弱**

中国慈善组织在 20 世纪 80 年代开始恢复并逐渐发展，其动

---

① 田凯：《非协调约束与组织运作：中国慈善组织与政府关系的个案研究》，商务印书馆，2004，第 1 版。

力来源是政府为了缓解改革过程中逐渐形成的多样化公共需求所造成的财政压力。中国大多数慈善组织是有政府背景的，其产生的方式是从政府民政部门分离出来，协助政府执行部分社会管理与服务职能。而且政府为了加强对慈善组织的管理，往往指派慈善组织的领导。而通过自主治理来实现社会慈善公益目标的民间慈善组织较少，且与政府背景的慈善组织在资金来源、自身能力建设方面存在较大差异。慈善组织的功能主要是协助政府在扶贫救灾领域提供公共服务，而在国外慈善组织分布广泛的卫生保健和社会服务领域，中国慈善组织还很不发达。

3. 慈善组织在运作机制上对政府的依附性强、独立性弱

大多数政府背景的慈善组织对政府的依赖性很强，缺乏筹资和独立运作慈善项目的能力。民间慈善组织为了获得生存空间，往往寻找机会挂靠到政府部门。虽然与政府形成良好的合作关系对慈善组织的建设来说很重要，但是目前慈善组织对政府的附属关系并不能达成双方的良好伙伴关系。政府与慈善组织间形成良好合作伙伴关系的前提是慈善组织自身具备独立性和自治性，政府与慈善组织在平等地位上合作。

当前，中国政府与慈善组织间形成支配性协作关系，是由中国社会由"总体性社会"向"后总体性社会"转型这样一个特定的历史时期决定的。社会自治领域的发展历程具有独特性：虽然个人活动空间扩大了，但是仍然缺乏对国家权力边界的界定。经济体制改革进行到一定深度时才带动了社会改革，公民社会的发展动力来自自上而下的政府改革直接释放出来的社会空间和市场经济体制内生出来的社会空间。相应的，中国非营利组织的形成有三种途径，即自上而下、自下而上和合作。公民社会发展的宏观背景，决定了政府与慈善组织关系的特点：慈善组织在权利上依附于政府，缺乏独立性和自治性；慈善组织自身能力弱，在功能履行上并不具备强大的筹集慈善资源的能力和项目运作的能力，仅仅处于协作政府的地位。

第四节 对慈善事业发展历史的总结：基于政府与慈善组织关系的视角

一 中国慈善事业发展中政府作用的历史总结与展望

纵观中西方各国慈善事业的发展历程，可以明显地看出中国的传统慈善思想与西方国家截然不同。西方慈善事业起源于基督教的教义，强调"博爱"。慈善活动首先从民间发展起来，然后随着国家政治、经济、文化的发展，政府逐渐介入。政府与慈善组织的关系随着国家政治、经济形势的变化而变化。而中国慈善事业的发展受宗教影响小，直至唐朝，佛教的寺院慈善才有了一定影响。国家的慈善制度受"民本主义"和儒家"仁义学说"的影响较大，具有明显的"差序等级"的伦理层次。慈善活动最早可以追溯到3000多年前的西周，从那时起，中国的慈善活动就是由政府主持和主导的，被称为"政府慈善"，民间慈善只是处于补充的地位。近代慈善事业的发展充分反映了西方列强对华侵略的历史，由于政府无力举办慈善事业，民间慈善逐渐成为主流，并且开始向寻求解决穷苦的社会根源的近代公益事业转变。这一时期的慈善事业体现了国人拯救民族危亡的时代精神。由此可见，中国古代至近代的慈善事业发展，也是在中国的政治、经济、文化以及国际大气候这些因素的综合影响下，合乎历史逻辑的自然发展过程。

　　随着新中国的成立，计划经济体制得以确立，国家福利机构取代了慈善组织，民间慈善事业处于停滞时期。计划经济体制是一种"静态管理模式"，通过计划安排来理性设计社会运转的秩序，把社会实体的活动包起来，管到底，力求通过这个损益最小、效果最好的计划把散乱无序的社会生活纳入刚性的秩序之中。这种管理方式在一定的时期内是合理且有效的，但同时也抑制了经济、文化、社会领域的分化与平衡发展，使得政治生活一枝独秀，而社会却消极依赖政府，缺乏自我管理、自我发展的能力。改革开放以后，计划经济体制逐渐向市场经济体制过渡，社会结构相应转型，不再是国家垄断一切资源的"总体性社会"，一部分资源随着市场经济的发展逐渐从国家那里释放出来，形成了"自由流动的资源"。同时，市场化改革带动了政府体制改革、政府职能转化，也使一些原来由国家控制的社会空间归还于社会，中国社会结构逐渐进入了"后总体性社会"，经济、政治、社会各方面协调发展的问题越发突出。特别是20世纪90年代以后，社会步入快速转型期，以产权多元化和经济运作市场化为基本内涵的经济体制改革直接促进了一个相对自主的社会的形成，人们的权利意识、政治意识和平等观念明显增强，市场经济的发展正在产生多元化的利益群体和利益。在这种处境下，中国政府部门重新思考公共服务供给的机制问题，改变政府以往"大包大揽"的做法，开始尝试将不必由政府承担的职能转移给各种社会组织，通过提供资助补贴、减免税收优惠等方式，引导非营利组织提供某些公共服务项目。这些都为慈善组织的形成和发展提供了可能性，慈善组织迎来了新中国成立以来的第一个发展期。

　　中国当前的社会结构、政治、经济发展情况构成了国家与慈善组织关系形成的背景：公民社会的发展在很大程度上取决于国家让渡出的空间范围；经济自主空间的发育先于社会自主空间的发育；国家与社会关系的重塑过程是一个政府主动推动的过程。由此，形成了政府与慈善组织间的"支配性协作关系"：慈善组织在社会结构定位上与政府的补充性强、分权性弱；慈善组织在功能作用上与政府的执行性强、自治性弱；慈善组织在运作机制上对政府的依附性强、独立性弱。随着中国市场经济体制不断走向成熟以及公共服务型政府建设的不断深化，需要推动中国政府与慈善组织的关系继续向前演进，促进慈善组织的制度完善。

从以往的经验教训来看，排斥民间力量兴办慈善事业的做法显然是错误的；把慈善组织作为政府的附属机构，过多地干预慈善组织的自主运作、压抑慈善组织积极性的管理方法也需要改变。中国自古就有政府主导慈善事业的历史传统，当前的经济、政治体制改革又是由政府推动的、政府自我完善的改革，所遵循的路线是"自上而下"的。所以，中国政府（公共财政）应坚持对慈善事业发展的引导作用，但也必须改变过去对慈善组织的控制型管理的做法，转而构建具有培育与服务性质的制度并制定与其配套的政策措施，引导慈善组织发展，发挥其民间性、自治性、志愿性、非营利性的组织特点和优势。

二　英、美政府支持慈善事业发展的经验借鉴

英国、美国的慈善事业源远流长，慈善事业发展的模式也已成熟，因此，在构建中国政府与慈善组织间培育服务性合作关系模式时，应注意吸收和借鉴其成功经验。

（一）英国政府支持慈善事业发展的经验

从英国慈善事业发展的历史来看，政府与慈善组织之间的关系是政府与慈善组织的合作伙伴型关系模式。政府支持慈善事业发展主要有三点经验值得我国借鉴。

1. 政府介入早，法律比较健全

早在 1601 年，英国女王伊丽莎白一世就颁布了世界上最古老的《慈善法》和《济贫法》，鼓励发展从事慈善救济等社会公益活动的非营利组织。1736 年制定的《永业权法》使土地或住宅的慈善遗赠无效，除非它们是捐赠者生前最后一年做出的。这一立法的主要影响是扩大了法庭决定慈善目的的范围。后来，有关慈善的法律不断得到补充和完善，先后有 1872 年的《慈善受托人社团法》、1960 年的《慈善法》和 1992 年的《慈善法》，1993 年又修订了新的《慈善法》。同时还有一个很重要的法规叫《理事会管理法》，用于规范各类组织的管理。前文已经提及，英国政府公布的《2006 年慈善法》，是对民间公益性组织进行现代化、法治化管理的重要举措。

2. 设立权威、独立的慈善公益管理机构

政府通过慈善委员会来对慈善组织进行监督。英国慈善委员会向议会负责，像最高法院一样有立法权，但是独立于行政之外，不受行政管理。慈善委员会的全部经费由政府提供，工作人员属公务员体制。主要职能是对慈善组织进行登记和监督。慈善委员会每年都要对各种慈善组织进行审计或检查其账户，并且建立了全国性的公益举报和迅速及时的受理机制，通过 24 小时的举报监控，全英国任何一个地方的任何一个公民都可以在任何时候用电话举报和直接举报。这一系列规定和措施从根本上保护了慈善捐赠人和社会公众的利益，也起到了保护慈善公益事业发起

者的作用，避免他们在慈善活动中采取错误的行为，保证了慈善组织的健康有序发展。

3. 确立政府与慈善组织的合作关系

英国政府把慈善组织看作重要的合作伙伴。政府每年都采取财政拨款和购买公共服务的方式向慈善组织投入巨额财政资金。2004 年，英国志愿部门的收入 37% 来自公共部门①。为推动民间慈善公益事业的发展，英国建立了一整套完备的行政支持体系，内政部是政府与慈善组织间的协调机构，文化部是政府对慈善组织的资助机构。英国慈善委员会独立于政府之外，直接受议会领导，负责慈善组织的登记注册和监管工作，形成了一个庞大的登记 - 监督体系。

1998 年 11 月，布莱尔政府积极推动英国政府各部门及各级政府与民间组织之间的合作，各级政府与慈善组织之间签署了《政府与志愿及社区组织合作框架协议》，确立了政府各部门及地方各级政府与民间公益组织之间的合作原则：第一，肯定志愿社区组织的独立性和多样性的重要性；第二，政府与志愿社区组织是合作伙伴，追求共同的目标，制定公共政策、提供公共服务应坚持协商、协作的原则，完善政策制定、增强服务及项目设计和供给的质量；第三，政府与志愿社区组织双方都要正直、客观，强调公开性、透明性的原则；第四，政府对志愿社区组织应提供资金支持，并且保障各种不同类型的志愿社区组织有公平的机会获得政府资助。

（二）美国政府支持慈善事业发展的经验

美国的慈善文化与英国一脉相承，但由于美国作为移民国家

---

① 徐麟主编《中国慈善事业发展研究》，中国社会科学出版社，2005，第 1 版，第 322 页。

的历史背景，它所走的慈善道路与英国也有很大的不同。美国是先有社区后有政府，民间有很强的自治能力和很深的互助共济传统。美国的慈善事业发展是民间主导的。政府对慈善组织总的来说持肯定态度，承认其对于维护社会稳定、推进社会改良的积极意义，但政府对于防止基金会滥用权力、政治影响过大等问题也始终保持着警惕。美国政府支持慈善事业发展主要有两点经验值得我国政府借鉴。

1. 以税收优惠为核心，形成良性运行的法制环境

美国没有专门的和独立的慈善法律，有关慈善公益活动的规定和条款散见于《宪法》《税法》《公司法》《雇佣法》等联邦和州法律法规中。《宪法》保证公民结社自由、自愿参与慈善公益活动的权利，《税法》涉及慈善公益外部激励和监督，《公司法》规范慈善公益机构的内部治理。美国是较早给慈善组织税收优惠的国家，通过各种税收减免激励和支持慈善公益事业的发展，设立各种免税标准以实现资源和机会的平等再分配，通过税收机制规范慈善公益中的信托行为，厘清慈善公益组织与商业或政府机构的边界。除了制定颁布一些相关法律规定外，还通过多种途径对慈善公益组织加强监督管理。美国对慈善组织的监管分为两个层次。一是国家立法和依法监督。美国国税局是联邦政府中唯一负责非营利组织监管的主要机构。大多数州中的首席监察官有权监督和管理慈善机构，对其活动进行规范，慈善机构必须定期报告其业务活动和财务状况。二是社会监督。包括社会舆论、民间评估机构及公民个人的监督，从而形成社会的整体监督。法律保障、政府监督、社会评估等措施，为美国民间主导型慈善公益事业的发展模式的运行提供了良好的社会环境。

　2. 采用行业组织和行业管理

　　美国慈善组织作为非政府组织不是隶属政府的下属机构，为了对其实行统一的社会管理，20 世纪后半期出现了一些慈善公益机构的行业组织。例如，总部设在华盛顿的基金会理事会是美国基金会中最大的、会员最广泛的全国性组织，每年出版具有权威性的《基金会指南》年鉴。目前，美国还有80 多家以第三部门和慈善公益事业为对象的研究机构，它们的主要任务是通过发表年鉴、研究报告等形式公布相关信息资料，维护慈善组织的利益，制定和建立行业规范，加强慈善组织之间的沟通、合作，开展慈善组织的研究，实现民间机构的行业性管理。依据国家法律法规，慈善组织行业实施本行业的自主监督管理，这成为美国民间主导型慈善公益模式的重要特点。

　　综上所述，各国慈善事业的发展历史是由其经济、政治、文化背景所决定的，有其自身的发展轨迹。美国的慈善事业与英国一脉相承，但由于其移民国家的背景，也走了一条与英国截然不同的道路。英国政府与慈善组织间是合作伙伴型模式，而美国是民间主导模式。我国与英、美国家在经济、政治、文化领域都存在很大的差异，因此不能照搬其慈善事业的发展模式，而要立足现实国情，结合慈善事业发展历史，借鉴英、美等国的成熟经验，探索我们自己的中国慈善事业发展模式。具体而言，应建立政府与慈善组织间的培育服务性合作关系模式。这是按照我国慈善事业发展的历史逻辑，适应我国市场经济改革不断深化，政府管理模式相应由经济建设型向公共服务型转变的需要。在第四章，笔者将深入探讨建设公共服务型政府是构建政府与慈善组织间培育服务性合作关系模式的推动力量。

第四章　公共服务型政府与慈善组织的关系转型

　　公共服务型政府是近年来我国学者对经济社会全面转型时期政府治理模式由经济建设型向前演进的理论概括。市场经济和民主政治是构建公共服务型政府的经济社会基础。公共服务是服务型政府的核心，也是现代行政的基本特征。提供公共服务是服务型政府职能的主要内容，公共服务必须是高质量和高效率的，公共服务的提供方式是多元的。新公共管理理论、公共治理理论和新公共服务理论为我国建立公共服务型政府提供了强大的理论支撑。

　　对于义务更加积极化、手段更加间接化的服务型政府来说，选择多元化的公共服务模式是发展的必然趋势。除了政府供给公共服务外，还有两种主要模式可供政府选择：市场供给模式和志愿供给模式。公共服务的志愿供给模式，是指政府调整自身的运作机制并调动尽可能多的社会力量，以社会需求为导向来提供和改善公共服务的模式。如果说公共服务的市场供给模式主要在于私人利用交换手段以赢利为主要目的来提供公共服务，那么公共服务的志愿供给模式则主要在于非营利组织以志愿的形式提供服务。公共服务的志愿供给模式主要包括三种形式，即个人的志愿服务、非营利组织的志愿性服务或非营利性的收费服务、社区提供的公共服务。非营利组织以公共利益为己任，是政府提供公共服务、实现治理目标的重要伙伴。慈善组织是人类历史上最早出现的非营利组织，现代形式多样的非营利组织都发端于此。在当代，慈善组织仍然是非营利组织中最重要的部分。与政府和市场相比较，慈善组织在提供公共服务方面具有微观效率优势。

随着我国政府由"经济建设型"向"公共服务型"转型的不断深化，政府将逐渐完成从"既是掌舵者又是划桨者"向"只做掌舵者"的职能转型。在这个过程中，政府需要逐步把一些公共服务移交给政府以外的多元主体来提供。而要做到这一点，就需要有合格的"划桨者"来承担起这部分公共服务的供给职能。慈善组织自身所具有的利他主义、服务于弱势群体、资源部分来自捐赠等特点，使它"天然"地成为"划桨者"的第一候选人。然而，目前我国政府与慈善组织间是一种控制型的"支配性协作关系"，大多数慈善组织只是一种外型化的慈善组织，它们实际上以类似于政府的模式运行，在社会结构定位上与政府的补充性强、分权性弱，在功能作用上与政府的执行性强、自治性弱，在运作机制上对政府的依附性强、独立性弱。显然，如果不打破这种政府与慈善组织间的"支配性协作关系"，慈善组织将根本无力承担起"划桨者"的责任。

我国的公民社会发育、慈善组织发展的动力主要来自政府"自上而下"的推动，是政府基于自身改革的需要，让渡出部分公共权力的结果。随着政府管理模式改革的不断深化，政府将越来越需要依靠真正意义上的慈善组织来提供多样化的公共服务，这成为政府主动改革与慈善组织现行关系模式的现实动力。

第一节 构建公共服务型政府的现实
动力与理论支持

改革开放 30 多年来，随着市场经济体制的确立与日趋完善，以及政府经济职能的有效发挥，我国经济建设取得了举世瞩目的成就。但同时也忽视了政府提供公共服务的职能，造成经济社会发展失衡，出现了以"失地、失业、失房"为代表的各种社会矛盾。经济社会发展失衡的化解之道在于突破政府转型的瓶颈。建设公共服务型政府正是在这样的背景下，于 2005 年由温家宝总理在《政府工作报告》中提出，明确了要改革政府的治理模式，转变政府职能，使政府的工作重点从片面追求经济效益，转向有效供给公共服务，改善经济社会环境，维护人民权利。这对于解决深层次的体制矛盾，推进和完善市场经济体制改革具有重大意义，是我国下一步改革攻坚的基本目标。

一 政府行政管理理念与公共服务型政府的含义

政府的职能模式大致可以分为管制型政府模式、管理型政府模式和服务型政府模式。公共服务型政府是近年来我国学者对经济社会全面转型期新型政府的理论概括。

（一）政府行政管理理念

政府行政管理是伴随着国家的出现而出现的，因此政府管理理念也在随着国家内涵的不断变化而发生变化。20 世纪 70 年代，伴随着全球化、信息化、市场化以及知识经济时代的来临，西方各国进入了公共部门管理尤其是政府管理改革的时代。西方各国政府改革的重心主要是逐步实现从"以政府为中心"到

"以满足人民的需求为中心"的转变。伴随着政府对公共服务提供的不断完善，政府本身也发生转型，从早期的管制政府理念到近代的管理政府理念，再发展到服务政府范式，体现了政府纵向的发展过程。

管制型政府以君主为中心，以政府与官员为本位，政府的组织机构是层级制，以人为主要的管理对象，政府职能主要是控制，人治是政府实现其作用的主要手段；管理型政府以政府为中心，以官员为本位，其管理的对象是社会事务，实现的途径是行政手段，按长官意志办事；服务型政府则把服务社会、服务公民摆在首位，以社会为中心，以公民为本位，政府的一切工作是做好服务。

（二）公共服务型政府的含义

所谓公共服务，从经济学意义上讲是指提供公共物品以满足公共需要；从政治学意义上讲是指组织、管理和解决公共事务；从本质上讲是指为社会公众的工作、生活以及参与政治、经济、社会、文化等活动提供保障和创造条件[①]。

我国的公共服务型政府应做好以下二个方面的工作。一是政府的职能定位要从以经济建设为中心转向以提供公共服务为核心，提供市场不能够有效提供的公共物品和服务，做到经济发展与社会发展相协调。二是维护好经济秩序、社会秩序。通过制定公平的规则，加强监管，维护市场竞争的有效性，确保市场在资源配置中的基础性作用。全心全意为人民服务，实现有效的公共治理，确保为社会各阶层，包括弱势群体提供一个安全、平等和

---

① 刘厚金：《我国政府转型中的公共服务》，中央编译出版社，2008，第1版。

民主的制度环境。具体来说，政府要着眼于社会发展的长远利益，提供稳定的就业、义务教育、医疗卫生和社会保障，注重环境保护，确保社会健康有序发展。三是政府在提供公共服务的过程中，必须确保服务的公平公正、优质高效，以全方位、多样化的服务满足公众不断变化的公共需求，形成由政府供给、市场供给和志愿供给共同组成的多元化供给体系。

基于上述认识，所谓公共服务型政府，是指在社会民主秩序的框架内，在公民本位和社会本位的理念指导下，以为公民服务为宗旨，通过灵活多样的服务方式提供高质量和高效率的公共服务并承担服务责任的现代化政府。

二　政府转型的现实动力

全球化时代首先要确保规则的统一性。由于经济发达国家主导制定全球化制度和规则，发展中国家只能适时调整国内制度。在西方政府为适应全球化与知识经济的时代变迁而掀起服务型政府改革浪潮的背景下，出于中国经济社会发展自身的现实需要，中国政府的治理模式正由"经济建设型"政府向"公共服务型"政府转变。

改革开放前，我国实行计划经济体制，是由政府总揽社会资源的"总体性社会"。改革开放后，随着经济体制改革的不断深化，触发了全方位的社会变革，我国开始向国家、市场、社会逐步分立自主的"后总体性社会"转化。政府的职能发生了根本性变化，各级政府以经济建设为中心，坚持以解放和发展生产力为目标，一心一意发展经济。但是，经济建设型政府片面强调经济增长，政府把追求 GDP 总量列为首要任务，忽视了提供公共服务的职能，忽视了经济与社会的全面协调发展。首先，政府主导的、依靠高投入来维持的经济增长是不可持续的，个人和社会的力量才是经济发展的真正主体和不竭动力。其次，大力发展教育、卫生、文化、体育等各项社会事业，实施积极的就业政策、完善就业服务体系，健全社会保障制度、保障群众基本生活，加强生态环境保护、促进人与自然和谐相处，是政府调控城乡之间、地区之间、社会成员之间收入差距，促进社会公平正义，保障社会安定有序的重要职责。而经济建设型政府过度重视经济建设，造成经济社会发展失衡，影响了社会的稳定和健康发展。最后，经济建设型政府主导经济的发展，垄断各种权力和资源，政企分开难以真正到位，政府部门的腐败现象难以根除。这种状况严重阻碍了中国市场化的进程，迫切需要我国政府转变职能，以发展社会事业和解决民生为重点，逐步形成惠及全民的基本公共服务体系。由此，我国政府开始了由经济建设型政府向公共服务型政府转型的第二次转型。2005 年温家宝总理在《政府工作报告》中首次明确提出了建设"服务型政府"。此后，中央政府逐年加大对基础教育、医疗卫生和社会保障等基本公共服务的财政投入，政府履行社会管理职能和公共服务职能越来越具体，越来越落到实处，推动着公共服务型政府建设进程不断加速。

三　构建服务型政府的理论依据

自 20 世纪 80 年代以来，推行政府体制改革和行政改革已成为时代风潮，创新理论层出不穷，所采用的方式也各有差异。不同的理论往往从不同的分析角度提出不同的解决方式，其中一些方式是相互统一、相互补充的，但有些却是截然相对的。但不可否认的是，对于如何改善政府服务行为、提供高质高效的服务却是它们所共同关注的。

（一）新公共管理理论

西方国家针对政府管理集权化和官僚主义所导致的低效率、财政赤字、垄断和各种社会危机，以及全球化和信息技术的发展要求加强市场机制的作用等现实，进行了一场以市场化为取向，旨在推行绩效管理和强调顾客至上的政府改革运动，即"新公共管理运动"。新公共管理运动就是在这样的社会背景下形成和发展起来的，并产生了有重大影响力的公共行政理论派别。新公共管理理论作为一种新的理论范式和实践模式，将市场的激励机制和私人部门的管理手段引入政府的公共服务中，创新了政府的治理工具，在摆脱传统官僚桎梏以及通过新的管理理念和技术来克服政府弊端以提高政府绩效上具有巨大的价值。

新公共管理理论中的"顾客导向"充分凸显了服务对象的主导地位。这种新的行政理念将政府的服务作用放到了前所未有的高度，认为政府的社会职责就是根据顾客的需求向其提供服务。对于如何在政府行为中体现服务价值，新公共管理理论提供了新的思路和模式，其中最重要的就是重新界定政府的作用，提出了要实现政府在公共服务方面的"角色"转变，政府应将自己的角色定位于"掌舵者"而非"划桨者"，由公共服务的直接生产者转换到监督者的位置。在新公共管理理论中，政府从亲自供给公共服务的模式开始转变为政府决策后以市场机制为杠杆，调动多种组织在竞争中完成公共服务的供给模式，因此政府应通过谋求角色转换，把政府权威的功能优势和市场交换的功能优势有机地结合起来。

新公共管理理论重视实施管理的技能与方法，所以胡德（Hood）认为"新公共管理即'国家的艺术'，能够松散地被定义为如何设计和管理公共服务的问题，以及政府行政部门的细微工作"①，而新的服务工具的开发和运用则是一种微观层面上的创新，是实现服务理念具体技术支持。

（二）公共治理理论

公共治理理论是在对新公共管理理论的批判的基础上出现的。最早出现于1989年《世界银行发展报告》中的"治理"概念，在此后10多年中逐渐发展为一个内涵丰富、适用广泛的理论，并在许多国家的政治、行政、社会管理改革中得到广泛运用，不仅拥有了其理论框架和逻辑体系，形成了一套评估社会发展和管理优劣的价值标准，"更少的统治、更多的治理"还成为当前一些国家改革和发展的口号。

公共治理理论改变了传统的公共与私人、国家与市场的二分法的思路，形成了政治国家与公民社会的一种新关系，达到了两者的最佳状态。善治的基本要素有合法性、法治、透明性、责任性、回应、有效、参与、稳定、廉洁和公正十个特征②。这对提高和改善公共物品的数量和质量有着推动作用。公共治理理论的产生对有效组织公共物品、提供公共服务具有积极意义。

公共治理理论对整个公共管理部门的格局进行了重新认识，对不同的实施主体各自的定位、分工和适当的角色进行了分析，强调多元主体的多层治理，为打破公共物品、公共服务的政府垄断开启了新的思路。服务主体的多元化可以从以下两个角度来理解。

1. 服务主体的多元化决定了政府作用范围大大缩小

政府不再是无所不包的"全能型政府"，而只能在一定范围内合理运用权威以维持秩序，满足公众需要。公共治理理论主张

---

① C. Hood, "National Performance Review（NPR）", Washington, 1993, p. 3.

② 俞可平：《当代西方政治理论的热点问题》，http：//202. 113. 104. 65/data/scholar/ykp。

在政府和公民社会之间建立起合作互动的关系，鼓励公民社会积极参与政治生活，发挥民间组织的主动性，并能参与政府的相关决策。这就要求政府向更加透明、法治、高效和务实的方向转变，成为公民可信赖的公共机构，发挥调和各类矛盾、协调各方利益、达到社会正常和有序运转的作用。

2. 多元主体的广泛参与带来权力、责任的分散化

多方主体的广泛参与是一种横向分权的观点，治理需要的权威并非全部来自政府部门，责任的承担也是如此，因此国家与社会之间、公共部门与私人部门之间的界限和责任会变得模糊不清。政府已不再是国家唯一的权力中心，各种机构（包括社会的、私人的）只要得到公众的认可，就可以成为某种社会权力的中心。

（三）新公共服务理论

新公共服务理论的核心概念是公共服务。正如罗伯特·B.邓哈特所言，新公共服务来源于两个灵感：一个是民主政治理论；另一个是公共行政理论中更具有人文主义传统的方法，以及对管理和组织设计的研究。新公共服务理论突出了政府服务对公共价值的追求。"公民优先"是新公共服务对服务价值的首要承诺。公共利益源于对共同价值准则的对话协商，绝不是个体自我利益的简单相加。因此，政府不仅要回应公民需求，而且更要关注建立政府与公民之间、公民与公民之间的信任与合作关系。在新公共服务理论看来，由于政府与公民之间的关系不同于企业与顾客之间的关系，政府的服务对象也远不止直接的顾客，因此政府不应当首先或专门地回应"顾客"自私的短期利益，而应当以公共利益为终极目标，以实现对公共服务的承诺。

综上所述，新公共管理理论、公共治理理论、新公共服务理论共同奠定了构建公共服务型政府的理论基石。全球化浪潮、国外新公共管理运动以及我国经济社会全面转型和经济社会发展失衡共同构成了我国政府转型的时代背景。追求可持续发展、贯彻以人为本的社会经济发展观、完成由"经济建设型政府"转向"公共服务型政府"是新阶段我国改革发展的客观要求。长期以来，我们虽然提出了经济与社会协调发展的问题，但在具体实践中，却常常把社会事业发展摆到一个"配角"的地位。然而，发展不是目的，而是手段，发展是为了满足广大人民的需求，政府只有把自己的主要职责放到管理社会公共事务、提供有效的公共服务方面，才能使社会发展与经济发展双轨同步进行，互相促进，实现社会的可持续发展。而新公共管理理论、公共治理理论、新公共服务理论为我们构建公共服务型政府提供了理论上的借鉴。

第二节　公共服务型政府中志愿供给模式的作用日益突出

服务型政府提供服务的模式是多元化的，除了公共服务的政府供给模式以外，还有公共服务的市场供给模式和志愿供给模式。政府通过将更适合由市场和社会提供的公共服务转移出去，而成为提供公共服务的多元主体中的一元。非营利组织一方面在社会事物管理上发挥着不同于政府的作用，另一方面也在履行着不同于一般商业经营的社会服务义务，它成为建立公民秩序和维护社会公正的重要力量，在公共服务型政府治理框架中的作用将日益突出。而本书所要研究的慈善组织是志愿供给的最早形式，其他形式的非营利组织都是在慈善组织的基础上发展起来的。在当代，慈善组织仍然是最主要的志愿供给主体。

一 构建公共服务志愿供给模式的理论基础

构建公共服务志愿供给模式就是政府充分利用社会的力量来提供公共服务，以降低公共服务成本，提高公共服务的质量和效率。充分利用社会的力量来提供公共服务已经成为当今世界各国的历史潮流，这场变迁有其深刻的理论背景，也有其深刻的经济、政治、社会等方面的现实原因。在现代社会，公共服务志愿供给模式既在福利物品领域内发挥作用，也在其他公共物品领域内，甚至是纯粹公共物品领域内（如环保、和平促进及公民权利等）发挥作用，以补充政府供给的不足。志愿供给模式的主体是非营利组织。同时这种志愿供给模式的产生也是社会成员对共同利益的自觉认识与自发管理，是在爱心和道德驱动下对"善"的追寻。

慈善事业是公共服务志愿供给模式的最早形式，本书在第三章中介绍了慈善事业有着悠久的历史，在中西方各国的历史和现实中都发挥着不同程度的作用。早在古希腊和古罗马时代就有公民赞助公共设施的活动，到中世纪时基督教会成为慈善事业的主体，后来世俗慈善组织也迅速成长。进入20世纪后，由于政府作用的扩张，尤其是福利国家的诞生，政府在公益活动中发挥了更多的作用，但慈善活动却一直没有消失。20世纪80年代以来，由于市场失灵和政府失灵，志愿部门在服务中凸显其独特的优势，因此掀起了"社团革命"，在慈善组织的基础上发展起来的各种各样的非营利组织开始在社会公共服务领域大展身手。因此，莱斯特·萨拉蒙认为："如果说代议制政府是18世纪的伟大社会发明，而官僚政治是 19 世纪的伟大发明，那么可以说，那个有组织的私人自愿性政治活动领域，也即大量的公民社会组织代表了 20 世纪最伟大的社会创新。"[①]

二　构建公共服务志愿供给模式的现实依据

从我国当前的现实状况来看，构建公共服务志愿供给模式基于三个方面的考虑：公共服务需求增加，财政支出压力大；公共服务供给质量低下，效率不高；公共服务供给过度市场化。

（一）公共服务需求增加，财政支出压力大

在原来的计划经济体制下，我国的公共服务由政府垄断供给。随着市场经济体制改革的深入，社会不断发展，公共服务的需求越来越多样化，需求数量也急剧增加。随着公共服务需求的增长，政府的财政开支必然要不断扩大。然而政府的财政是由税收决定的，不可能无限度地满足日益扩大的公共服务开支，这样就容易引发财政供给危机，又进一步造成公共服务供给的危机。面对这样的困境，我国政府重新定位了政府治理模式，提出由经济建设型政府向公共服务型政府转变。努力构建公共服务多元化供给体系，由政府、市场和社会三方面的力量共同提供公共服务。

目前，我国政府的财政供给能力还十分有限。政府宏观财力水平相对于众多福利发达国家而言，仍有相当差距，2010 年国家财政支出占 GDP 的比重仅为 22.36% 左右[②]，低于发达国

---

① 〔美〕莱斯特·萨拉蒙、海尔墨特·安海尔：《公民社会部门》，载何增科主编《公民社会与第三部门》，社会科学文献出版社，2000，第 1 版，第 257~269 页。

② 根据国家统计局发布的数据计算所得。

家平均30%～40%的水平，更远远低于北欧高福利国家平均50%～60%的水平。尽管近年来我国财政收入增长较快，但由于国家财政一直承担着经济体制和政治体制改革的成本，财政支出压力很大。而从公共服务的需求面来看，随着人们物质文化生活水平的不断提高，社会需求日益多元化，对公共服务的数量、质量、多样性都提出了越来越高的要求。市场经济条件下政府的职能主要是"掌舵"，而非"划桨"，仅由政府来供给公共服务，显然无法适应日益增加的多样化的公共服务需求。

（二）公共服务供给质量低下，效率不高

政府垄断造成生产效率低下，服务质量低劣，这已成为公共服务领域的顽疾。对此，即使在西方发达国家，公共服务的消费者也吃尽了苦头，公众对政府提供的公共服务的质量颇有微词。因此，在公共服务领域引入竞争机制，提高质量，降低成本，成为各国追求的共同目标。以美国为代表的西方发达国家实行的公共服务社会化改革，就是通过市场、社会引入公共服务领域，建立一个使"顾客满意"的公共服务竞争机制，建立一个高效灵活的政府管理体制。

在计划经济体制下，我国政府是无所不包的"全能型政府"，不允许任何非营利组织和其他社会力量参与提供公共服务，形成了"大政府、小社会"的社会格局。结果，一方面，造成政府机构臃肿、人浮于事，加重了国家的财政负担；另一方面，公共服务没有竞争的压力，降低了公共服务的效率。政府垄断提供公共服务，处于强势地位，政府提供什么、提供多少，公众就消费什么、消费多少，消费者的需求没有被放在首位。

（三）公共服务供给过度市场化

在公共服务的市场化过程中，为了缓解政府财政压力，在医疗卫生、教育、社会保障、科技环保等公益性事业领域，存在着过度市场化的现象。政府过多地将费用负担转向企业或个人、家庭负担，政府未能发挥其应有的职责，从而使住房、教育、医疗成为当前城乡居民的三大重要负担。同时，公共服务市场化改革必须建立在一定的法律制度环境条件下。然而政府制度建设的滞后，使得公共服务市场化过程中出现了许多问题。在市场化过程中，政府没有发挥应有的监督作用；在社会事业民营化过程中，政府对事业单位改革放权过度，约束不足，基础教育、卫生防疫等被允许创收，而且政府对于创收活动的内容、收入比例及用途没有严格限制。这些机构追求小群体利益，目标和行为偏离了社会事业发展的基本要求和规范，导致社会事业领域出现了诸多问题，损害了广大群众的利益。

由此可见，我国政府的管理模式由经济建设型向公共服务型转变是适应社会主义市场经济改革和经济社会转型不断深化的现实需要的必然选择。与之相适应，公共服务的供给模式也自然由原来的政府单一供给模式向多元化方向发展。非营利组织是以自我管理为管理方式，以非营利性、志愿性、民间性、非政治性为组织属性的新兴组织形式，它天然地契合于公共服务型政府构建"有限"政府的需要，作为社会力量，成为"有限"政府提供丰富、多样化公共服务的最理想的合作主体。因此，以非营利组织为主体的公共服务志愿供给模式随着公共服务型政府建设的不断成熟，其所发挥的作用必将日益突出。慈善组织是非营利组织中最重要的组成部分，随着服务型政府改革的不断深化，其活动领域将不断拓展。

第三节 公共服务型政府需要构建与慈善组织间的
"培育服务性合作关系模式"

慈善组织是历史上最早出现的非营利组织，现代形式多样的非营利组织都是在慈善组织的基础上发展起来的。慈善组织作为公民社会最重要的微观实体，是公民社会理论的重要社会实践者，也是公民社会成长的重要力量。在当代，慈善组织仍然是非营利组织中最重要的部分。与其他非营利组织相比，慈善组织具有自己的特性：利他主义、服务于弱势群体、满足基本需求、服务的直接性、资源部分来自捐赠，因此在公共服务领域具有更大的优势，是公共服务志愿供给的重要力量。所以，要建设公共服务型政府，寻求政府以外的提供公共服务的多元力量，就必须尤其关注慈善组织，重视政府与慈善组织的关系建设。需要改革政府与慈善组织间的支配性协作关系。改革的目标应是把慈善组织培养成为真正成熟的，具有组织性、非营利性、自治性和志愿性特征的，能够担负起与政府合作提供公共服务使命的公共服务供给主体。为了适应以上需要，政府应该着力构建与慈善组织间的"培育服务性合作模式"。

一 公共服务型政府需要激发慈善组织的能动性

本书第三章已经论述了我国慈善组织的发展在很大程度上是适应政府利用慈善资源的需要，而从政府内部分化出来的，我国慈善组织产生的主要方式是"自上而下"由政府转移出部分社会功能。因此，它们绝大多数是直接依托各级政府的民政部门而建立的，绝大部分慈善组织与民政部门是"一个部门，两块牌子"，它们以一种与政府相类似的模式运行。这与我们通常所理解的慈善组织的"民间"特性是很不一样的，偏离了慈善组织本身应有的组织形式和运作机制。这样的特点决定了我国的慈善组织与政府形成了支配性协作关系，使得慈善组织在社会结构定位上与政府的补充性强、分权性弱，其地位非常脆弱，并容易为赢利的动机所诱惑，偏离自己的使命。慈善组织在运作机制上对政府的依附性强、独立性弱，这种附属关系使它们不能与政府达成良好的伙伴关系。由此可见，目前的慈善组织无法适应公共服务型政府把它作为公共服务提供主体的功能定位。政府与慈善组织的伙伴关系只有建立在慈善组织性质上独立、政府与慈善组织在平等的地位上合作的基础上才具有意义。

随着公共服务型政府改革的不断深化，政府对发挥慈善组织能动性的需求日益迫切。政府要依靠慈善组织帮助其实现社会治理目标，就必须减少对慈善组织的控制；政府要依靠慈善组织获取慈善资源，提供公共服务，就必须赋予慈善组织组织性、自治性和志愿性。因此，政府应逐步消除一系列制约慈善组织发展的制度性因素，重构政府与慈善组织的关系模式，从慈善组织的控制者转变为慈善组织的培育者、服务者。

二　对"培育服务性合作关系模式"的理解

目前，我国政府与慈善组织的关系是支配性协作关系，这实际上是一种"控制型"管理模式。一方面，政府需要通过设立慈善组织来调动慈善资源，以缓解财政提供公共服务的压力；但另一方面，又要顾及纯粹民间组织的出现有可能不利于社会控制。因此，政府制定了一系列政策加强对慈善组织运作的控制。其中最主要的方式是出台《社会团体登记管理条例》，确立了

"双重分层管理体制"，规定社团的管理工作由社团管理机关和业务主管部门共同负责。根据该条例的规定，现阶段中国社团管理机关是中华人民共和国民政部和县级以上地方各级民政部门。业务主管部门是对社团的业务活动进行直接指导和日常管理的政府机关。此外，政府还通过直接任命慈善组织的主要负责人来加强对慈善组织的控制。但是，这样做的结果导致了慈善组织只是形式化的民间组织，与民政部门常常是"一个部门，两块牌子"，不但影响了慈善组织的民间性、自治性和志愿性特点，还出现了一系列制约我国慈善组织发展的制度性因素。

我国政府对慈善组织的这种"控制型"管理制度的合理性在于管理对象的"不成熟"，可能性也以管理对象的实际"幼稚"为前提。无论是从历史还是现实的角度进行剖析都可以得出一个明确的结论：在当前的文化和体制环境下，离开了政府强有力的支持和推动，中国的慈善事业不可能在如此短的时间内取得迄今这样的成果。在政府与慈善组织间支配性协作关系模式下，由"行政力"主导的慈善事业在前期发展中起到了关键作用，是慈善机构完成创始阶段的"利益杠杆"。这种利益关系的作用主要表现在三个方面。一是利用"行政力"完成原始积累。这种"原始积累"主要是指筹募"创始基金"，解决慈善机构基本的生存条件。政府通过营造舆论氛围、大会动员、发文件、分摊捐款任务和行政拨款等方式，在较短的时间内就完成了机构的创建任务。二是利用"行政力"完成机构设置。中国的慈善事业从出现的那一刻起就被"成本问题"所困扰，至今依然如此。为了回避这个问题，许多地方政府沿袭"传统做法"，参照残联和红十字会的做法，设机构、给编制、解决管理成本，从而在一定程度上解决了慈善机构的"身份问题"，缓解了慈善工作的

"成本困境"。三是利用"行政力"拓展公共关系。慈善机构利用"行政力"的权威性和影响力，积极发展理事会成员，聘请会长、副会长，在社会各个层面拓展公共关系，尤其在新闻界和企业界建立人脉，为慈善事业的发展打造了有效的资源平台。在实践中，上述关系是交叉和相互影响的，其效果是十分明显的。

但是应该看到，改革开放和经济社会发展正在不断影响民众的思想观念和行为方式，以人为本的执政理念又促进了公民意识和社会责任感的增强。反映在慈善观念上，人们对"摊派式"捐赠越来越带有排斥和逆反的心理。对于政府和慈善公益机构来说，不能对这种趋向成熟的社会心理熟视无睹。而实际上事物的发展总是呈两面性的，在政府与慈善组织间支配性协作关系模式下，由"行政力"主导的慈善事业所得到的暂时的"利"只是一种短期效益，因为我们必须正视这样一些基本现实："行政力"对慈善事业的直接影响正呈现递减趋势，民间自发的慈善行为日益活跃，民间慈善组织在困境中发育成长；"行政力"对慈善机构的自主性形成障碍，机构"行政化"倾向严重，开拓创新精神不足；"行政力"对慈善工作的务实性干预过多，使慈善机构性质模糊，对慈善事业的长远发展造成不利影响。如果上述问题得不到解决，就会使慈善机构从"依赖性"转向"惰性"，从而使慈善工作扭曲成变相的"行政行为"，即所谓的"一个部门，两块牌子"，遏制了慈善机构的创造性和活力，与国家发展慈善事业的宗旨相背离，也不符合现代社会的发展理念和价值观。

与"控制型"管理相对的是"培育服务型"管理。所谓"培育"，是指这种管理模式虽然同样考虑到了管理对象的成熟程度，考虑到了管理对象的不当行为可能对国家、社会、他人及其自身带来的危害，但它并不是一般化地对管理对象普遍采取不信任的态度，而是以管理对象的成长发育需要为出发点，按其实际发育程度给予其自治权利，尽量尊重并培养管理对象的主体意识，提供积极的政策支持，扶持、促进慈善组织的发展。所谓"服务"，是指这种管理模式以合作为基础，强调政府的服务性，强调公民的权利。政府对慈善组织的管理是通过制定社会政策和法规来依法管理和规范慈善组织及其相关社会事务，化解社会矛盾，维护社会公正、社会秩序和社会稳定的。这既是弥补"市场失灵"的必然要求，也是协调各种矛盾与冲突的必要前提。慈善组织的管理以法律、制度为保障，对相关社会关系进行调整和约束，政府在其中起主导作用，主要目的在于提供政府服务，使慈善组织普遍建立起完善的监督机制和严格的自律机制，促进慈善组织的责任意识，提高慈善组织的社会公信度。随着管理对象的成长壮大，慈善组织自身应该具备的组织性、民间性、非营利性、自治性和自愿性特征会逐渐得到强化。随着自身制度的不断完善，慈善组织将越来越能够担当起供给部分公共服务的责任。政府与慈善组织间也将逐步构建现代化的合作治理的伙伴关系。

第五章　我国慈善资源与慈善组织状况分析

　　随着我国公共服务型政府管理体制改革的深化，为了实现"小政府、大社会"的社会治理模式，政府需要改革目前与慈善组织间的支配性协作关系，建立新的政府与慈善组织间的培育服务性合作关系模式，将一部分提供公共服务的任务交给慈善组织去做。那么，我国慈善资源供给状况如何呢？在政府（公共财政）的培育、服务性政策的扶持下，是否具备广泛的、潜在的慈善资源可供慈善组织开发利用？慈善组织自身是否已经具备了必要的组织基础？在政府"培育服务性合作"的制度安排下，是否有可能成长为现代意义上的慈善组织，成为提供公共服务的一员？以上问题的答案是决定政府（公共财政）对慈善组织的培育、服务性政策能否产生预期效果的关键性问题。基于这样的考虑，本章对我国的慈善资源和慈善组织状况从理论和现实两个方面展开分析，以论证在我国建立政府（公共财政）与慈善组织间的新型培育服务性合作关系模式是否具备了一定的慈善资源和慈善组织基础。

　　一个需要说明的问题是第二章中阐述了本书所研究的慈善事

业的范围不是仅指传统狭义的给社会弱势群体提供的帮助、救济和施舍，而是扩展到现代意义的慈善公益事业。公众对解决社会性发展问题和生活质量问题的关注越来越迫切，人们对教育、医疗、科学、文化、艺术等非物质领域的公共需求，以及从发展层面对社会公共事务的关注，如环境与动物的保护、平等、人权、国际关系等也成为慈善公益事业的诉求。本章所引用的各种有关汶川地震救灾的材料中提及的涉足教育、文化、环保等公共事业的各种非政府组织，都属于以奉献社会、服务大众为唯一目的的非政治性、非传教性、非歧视性的慈善组织的范畴。而且，目前我国的学术界在使用各种统计数据时，一方面由于统计资料的限制，另一方面也是出于慈善组织是社会组织重要主体的考虑，在有关论述中常用社会组织的整体性情况来描述慈善组织的情况。鉴于这些原因，本节引用材料时，将慈善组织与非政府组织这两个概念等同使用。

第一节　我国慈善资源供给情况分析

我国慈善捐赠呈现持续较快增长的态势，自 2007 年以来，剔除救灾因素引起的捐赠资金回落因素，年增长率几乎在 50% 以上。具体来看，无论是资金捐赠还是物资捐赠都持续增长。自 2009 年开始，中民慈善捐助信息中心公布了志愿者服务的价值，使慈善资源的统计数据日趋完善。从捐赠方的资源供给结构来看，我国慈善捐赠以企业为主，占捐赠总额的 50% 以上；个人捐赠占捐赠总额的 30%，且境内捐赠占 85%。我国慈善捐赠的来源虽然没能像西方发达国家那样以公众的小额捐赠为主，但是已基本由我国境内的企业和个人的民间捐赠为主，这已是一个长足的进步。

一　慈善捐赠持续上升

在现代慈善事业中，捐赠的内容除了钱和物，还包括时间、智慧、服务等内容。2009 年全国接收各类社会捐赠款物 542 亿元，其中货币约 386 亿元，物资折价约合 156 亿元[①]。

同期增长率是反映慈善捐赠规模变化趋势的重要指标。2007 年全国接收捐赠总额 309 亿元，2008 年捐赠总额超过 1070 亿元，2009 年捐赠总额为 542 亿元，2009 年较 2008 年降幅达 49%。这是因为 2008 年发生了汶川大地震，救灾捐赠超过捐赠总额的 7 成，常规捐赠总额约为 321 亿元，剔除特殊因素引发的捐赠，从常规捐赠来看，仍呈增长态势（见表 5 - 1）。

表 5 - 1　我国历年社会捐赠增长情况

年份	接收捐赠总额（亿元）	年增长率（%）
2007	309	143
2008	1070	246
2009	542	- 49

资料来源：根据相关资料整理。参见郑远长、彭建梅、刘佑平主编《中国慈善捐助报告 2010》，中国社会出版社，2010，第 1 版，第 11 页。

由表 5 - 1 可以看出，我国历年常规社会捐赠总额持续增长。2009 年的社会捐赠总额比 2008 年的常规捐赠总额增长了 68.8%；2009 年与 2007 年相比，社会捐赠总额更是增长了 75.4%。

（一）社会捐款持续增长

资金是慈善事业最大、最灵活的资源。对于捐赠人来说，捐款

① 郑远长、彭建梅、刘佑平主编《中国慈善捐助报告 2010》，中国社会出版社，2010，第 1 版，第 9 页。

是最便捷也是最易于统计的慈善参与方式。因此，大多数个人和企业都以捐款的方式支援慈善事业。中民慈善捐助信息中心在《中国慈善捐助报告2010》中首次公开了2009年全国共接收国内外社会各界捐款约386亿元的全国性统计数据。由于没有其余年份的全国性捐款统计数据，因此本书以2001～2009年我国民政部门接收的社会捐款增长情况来反映我国历年社会捐款持续增长的情况（见表5-2）。

表5-2　民政部门历年接收社会捐款情况

单位：亿元

年份	2001	2002	2003	2004	2005	2006	2007	2008	2009
接收社会捐款	11.7	19.0	41.0	34.0	60.3	83.1	132.8	479.3	66.5

资料来源：中华人民共和国民政部编《2009年民政事业发展统计报告》。

2001～2009年，我国民政部门接收社会捐款增加了近5倍，而发生了汶川大地震的2008年捐款数额更是比2001年激增了近40倍。

（二）社会物资捐赠呈现增长态势

物资援助和相关服务的无偿供应，是非常重要的慈善捐助形式。然而，由于物资价值计算的复杂性和随意性，很多现实发生的物资捐赠未能纳入相关统计范畴。据保守估计，2007～2009年我国物资捐赠增长情况见表5-3。

表5-3　我国历年社会物资捐赠增长情况

年份	物资捐赠折价（亿元）	年增长率（%）
2007	53.9	—
2008	208.8	287
2009	156.0	-25

资料来源：根据相关资料整理。参见郑远长、彭建梅、刘佑平主编《中国慈善捐助报告2010》，中国社会出版社，2010，第1版，第12页。

由表 5 - 3 可以看出，我国社会物资捐赠持续增长。虽然 2009 年的社会物资捐赠与 2008 年相比下降了 25%，但剔除 2008 年汶川大地震这一特殊因素引发的救灾捐赠，则 2009 年的社会物资捐赠还是比 2008 年的常规社会物资捐赠有所增长。2009 年与 2007 年相比，社会物资捐赠更是增长了 189%。根据中民慈善捐助信息中心对 2009 年 345 批次总价值为 41.92 亿元的物资捐赠信息（不含中华慈善总会的 42 亿元药品捐赠）进行分析，发现物资捐赠主要来自企业和企业家，捐赠内容以药品、食品、衣物、医疗设备、电子设备、交通运输产品和房产为主。其中，药品和医疗设备折合价值最高，超过 23 亿元，占分析样本的 56%；其次是房地产，折合价值超过 7 亿元，占 16.8%；艺术品、软件、书籍等出版物和教学设备也非常多见，约占 13%。

（三）2009 年志愿者服务价值 54 亿元

我国最早有组织、有规模的志愿者制度始于中国青年志愿者。1993 年底，团中央发起实施青年志愿者行动。据团中央相关负责人介绍，截至 2009 年，按照《中国注册志愿者管理办法》进行规范注册的志愿者达到 3047 万人，累计已有 4.03 多亿人次的青年和社会公众为社会提供了超过 83 亿小时的志愿服务。而在 2008 年，注册志愿者人数为 2946 万名，累计为社会提供志愿服务超过 78 亿小时。照此计算，2009 年新增青年志愿者 101 万人，提供志愿服务 5 亿小时[1]。

社会志愿者：2009 年 10 月，在全国和谐社会社区建设工作会议上，民政部李学举部长透露，全国社区志愿者组织已达 43

---

[1] 郑远长、彭建梅、刘佑平主编《中国慈善捐助报告 2010》，中国社会出版社，2010，第 1 版，第 12 页。

万个，注册人数达 2600 多万人，参加社区志愿服务活动的人数已经累计达到 3000 多万人次[1]。

据中国残联在全国志愿助残工作会议上透露，目前全国省、市、县、乡、村普遍建立了志愿助残服务组织，建有县级志愿者助残联络总站 2183 个、乡（镇、街道）联络站 28034 个、村（社区）联络点 27.4 万个。全国助残志愿者人数已达 530 万人[2]。

红十字志愿者：2008 年为 150 万人，2009 年新增 30 万人。

综合全国各部门的估算人数，对 2009 年度志愿者的经济贡献做一个测算[3]。

青年志愿者服务：5 亿小时 × 10 元/小时 = 50 亿元。

专业服务：100 万人 × 8 小时 × 50 元/小时 = 4 亿元。

二 慈善捐赠方构成分析

从捐赠者性质来看，境内捐赠中，企业仍然是国内最主要的捐赠主体，2009 年国内各类企业捐赠总额为 272 亿元，占境内捐出款物总额 466 亿元的 58.4%，其中民营企业为中国慈善市场提供的资源最多，其捐出款物总额超过 113 亿元。

2009 年国内个人捐赠总额为 142 亿元，占境内捐赠总额的 30.5%。这个数字虽然低于 2008 年的 54%，但是与"5·12"之前我国个人捐赠所占比重常年低于 20% 的情况相比，个人捐赠贡献已经呈现上升势头。

---

① 郑远长、彭建梅、刘佑平主编《中国慈善捐助报告 2010》，中国社会出版社，2010，第 1 版，第 12 页。

② 郑远长、彭建梅、刘佑平主编《中国慈善捐助报告 2010》，中国社会出版社，2010，第 1 版，第 12 页。

③ 郑远长、彭建梅、刘佑平主编《中国慈善捐助报告 2010》，中国社会出版社，2010，第 1 版，第 12 页。

（一）企业捐赠

根据 2009 年度捐赠统计数据分析，以捐赠主体进行分类汇总，企业捐赠占 58.5%，在 2009 年捐赠中排名第一。企业在履行社会责任方面起着相当重要的作用，追求利益的同时不忘履行相应的社会责任。

根据控股权的不同，企业可细分为民营企业、国有及国有控股企业、外资（合资）企业、港澳台资企业、外国企业五个大类。不同类型企业的捐赠额在捐赠总额中所占比例分别为：民营企业 55.8%、国有及国有控股企业 22.1%、外资（合资）企业 12.5%、港澳台资企业 7.5%、外国企业 2.1%。民营企业占企业捐赠的比例最大，达 55.8%。履行社会责任不但是一种时尚，甚至已成为民营企业的内在需求，它们不仅仅以创造利润为己任，它们已经将创造更大的社会价值作为企业发展的终极目标。一家企业年度或一次性捐赠亿元以上是近年来中国慈善事业快速发展的结果，2009 年度有 18 家企业进行了亿元以上的大额捐赠①。

（二）个人捐赠

除企业之外，2009 年度捐赠中不可忽视的另一个捐赠主体为个人，个人捐赠以 142 亿元的捐赠额高居 2009 年度慈善捐赠的第二位，占捐赠总额的 30%。从所属地区来看，内地个人捐赠占 85.9%，港澳台个人占 10.0%，华人华侨个人占 3.0%，外国人占 1.1%。而 2009 年内地个人捐赠前十名中，不乏熟悉的名字，如黄如论、牛根生，他们以自己的行动表达

---

① 郑远长、彭建梅、刘佑平主编《中国慈善捐助报告 2010》，中国社会出版社，2010，第 1 版，第 18 页。

了捐赠并非一时之善举，而是将慈善事业作为公民自己的责任。

2009 年度几笔亿元以上大额捐赠占个人捐赠的 70.7%，其他各捐赠额度占 30% 左右的比例。虽然中小额捐赠的累积额度并不占据主要地位，但随着慈善意识的普及，由普通公众所达成的微捐赠额会逐步增长。

（三）其他捐赠主体

除企业、个人两个捐赠主体外，还有非政府组织、政府、事业单位、国际组织这几类捐赠主体。2009 年非政府组织在这一部分捐赠主体的捐赠中占 49.8%，占近一半的比例，其次分别为政府 28.3%、事业单位 19.6%、国际组织 1.9%、其他 0.4%[1]。由这组数据可见，政府对慈善事业的资金支持十分有限。

三 慈善组织收入来源分析

目前我国慈善组织的收入来源以捐赠收入为主，占这些组织总收入的 80% 以上；政府补助有限，仅占慈善组织收入的近 14%；慈善组织的投资收益能力很弱，仅占其收入的近 5%；而服务收入几乎还处于空白状态。

（一）慈善组织收入结构分析

目前，我国财务信息披露较为规范的是基金会和少数参照基金会管理的慈善会。根据中民慈善捐助信息中心对 213 个基金会和 24 个慈善会 2006～2009 年财务报告的分析，发现慈善公益类社会组织收入以捐赠、政府补贴、投资收益为主，其收入构成

---

① 郑远长、彭建梅、刘佑平主编《中国慈善捐助报告 2010》，中国社会出版社，2010，第 1 版，第 22 页。

如下。

第一，捐赠收入合计为 122.1703 亿元，占这些组织总收入的 81.30%。

第二，政府补助为 20.5467 亿元（含部分彩票公益金拨款），占总收入的 13.67%。

第三，投资收益及其他收入为 6.9048 亿元，占总收入的 4.60%。

第四，服务收入为 0.6419 亿元，占总收入的 0.43%。

慈善组织收入结构分析见表 5-4。

表 5-4 慈善组织收入结构分析

单位：亿元

资料来源	样本构成	本年收入合计	收入				
			捐赠收入	服务收入	政府补助	投资收益	其他收入
2008 年年报	107 个基金会	69.4576	56.0368	0.4269	11.3372	1.31	0.3467
2009 年财报	42 个全国性基金会	28.6978	23.6558	0.0957	3.5495	1.1079	0.2889
2009 年年检报告分析	51 个基金会	36.7636	29.0324	0.1193	4.9711	2.2418	0.399
2009 年年报调查	23 个慈善会	14.5131	12.8192	0	0.5618	0.3414	0.7907
长沙调查	13 个基金会和 1 个慈善会	0.8316	0.6261	0	0.1271	0.0632	0.0152
合 计	213 个基金会和24个慈善会	150.2637	122.1703	0.6419	20.5467	5.0643	1.8405
占比(%)		100	81.30	0.43	13.67	3.37	1.23

资料来源：根据相关资料整理。参见郑远长、彭建梅、刘佑平主编《中国慈善捐助报告 2010》，中国社会出版社，2010，第 1 版，第 52 页。

（二） 慈善组织获得的政府补贴

近年来，随着党和政府对社会民生的重视，有关方面也在积极推进政府购买社会组织服务政策，并摸索出了一些政府资助民间公益慈善事业的操作办法。

2009 年 12 月，财政部拨款 5000 万元彩票公益金支持中国红十字基金会小天使基金，并将在随后的 4 年里每年拨款 5000 万元支持该基金。而中国教育发展基金会作为较早获得中央专项彩票公益金的基金会，已经连续 3 年获得中央专项彩票公益金，2008 年、2009 年分别是 6 亿多元和 10 亿多元。

目前，政府财政对民间慈善公益组织的支持多集中在有一定政府背景且规模较大的机构上。从基金会历年的财务审计报告来看，有过接受政府财务资助记录的基本为公募基金会，而且其数量屈指可数。

根据中民慈善捐助信息中心对 107 个基金会 2008 年年检报告的分析，仅有 14 个基金会获得政府资助（其中 6 个为全国性公募基金会，7 个为地方性公募基金会，1 个为地方性非公募基金会），资助总额为 11.34 亿元。而中民慈善捐助信息中心对 42 个全国性基金会 2009 年年检报告的分析发现，有 8 家公募基金会共获得 4.97 亿元的财政拨款。可见，获得政府资助的基金会数量和资助额度均有增加趋势。各级慈善会由于与政府部门的天然密切关系，似乎更容易获得政府资助。根据中民慈善捐助信息中心的调查，在 23 个省市级慈善总会中，获得政府补助的慈善总会有 13 个，这些慈善总会共获得 5617.66 万元的政府资助，占其总收入的 5.85% [1]。

---

[1]　郑远长、彭建梅、刘佑平主编《中国慈善捐助报告 2010》，中国社会出版社，2010，第 1 版，第 52 页。

（三）服务及投资收益

基金会有保值增值的义务。然而，长期以来，由于基金会的主要收入来自社会捐赠，其增值风险较大，因此更多的基金会选择"谨慎保值"的方式，即将大量资金存在银行里以获取利息回报。

捐赠收入和投资收益是非公募基金会最主要的两项收入，但有些基金会在运营过程中过分依赖捐赠收入而忽视了投资收益。很多基金会收支形势严峻，资产状况恶化，实际资产价值持续下降。例如，香江社会救助基金会作为首家全国性非公募基金会，其原始资本为香江集团捐助的 5000 万元，2005 ~ 2007 年的年支出额均在 1000 万元以上，年均收入（扣除原始资金）仅为 220 万元，资产额由最初的近 5000 万元降至 2000 多万元。另外，作为捐赠收入占总收入比例较大的全国性公募基金会，2009 年也有较大一部分公募基金会相比 2008 年收入出现了负增长。如中国少数民族文化艺术基金会 2009 年收入比 2008 年减少 199.9 万元，中国儿童少年基金会 2009 年收入比 2008 年减少 1.64 亿元[1]。

2005 年以后，关于基金会投资增值的讨论日益增多，很多基金会尤其是非公募基金会积极探索投资增值路径。根据中民慈善捐助信息中心对 156 家基金会的调查，73 家基金会有投资行为（其中公募基金会 37 家），投资收益达 3.55 亿元。其中，收益较好的有：友成企业家扶贫基金会 2009 年度投资收益为 3131 万元，超过其捐赠收入；清华大学教育基金会 2009 年度投资收益为 9349 万元，占其总收入的 18.59%；中远慈善基金会 2009

---

[1] 郑远长、彭建梅、刘佑平主编《中国慈善捐助报告 2010》，中国社会出版社，2010，第 1 版，第 57 页。

年度总收入为 2208.37 万元，其中投资收益为 281.26 万元，占总收入的 12.74%。在公募基金会中，也有一些不再拘泥于单一的"吃利息"式的谨慎投资方式，而是持稳健安全的态度进行增值活动，如中国扶贫基金会和中国青少年发展基金会 2009 年的投资收益分别为 856.5 万元和 479.8 万元，占年度总收入的比例分别为 2.5% 和 1.85%。

无论是依靠捐赠收入的公募基金会，还是企业支持的非公募基金会，对闲置资金的合理投资和利用投资保值增值来维持基金会的可持续发展，都是非常重要的。

总体而言，我国慈善组织收入来源单一，主要依靠捐赠收入，缺乏政府的扶持。从国际经验来看，慈善公益事业的发展离不开政府的资助，约翰－霍普金斯非营利部门比较研究的结果显示，1995 年 22 个国家的非营利组织有 40% 的收入来自公共部门[1]，尤其是卫生保健、教育和社会服务类组织，政府资金占总收入的 45%~55%[2]。而慈善组织加强自身的能力建设，提高投资收益和服务收入能力也是非常重要的。

第二节　公民慈善意识、企业社会责任显著增强：汶川地震救灾的启示

慈善事业是公民和公民自我团结起来、相互友爱帮助的一个事业，个人与个人、个人与慈善组织、慈善组织与慈善组织之间

---

① 〔美〕莱斯特·萨拉蒙等：《全球公民社会：非营利部门视界》，贾西津译，社会科学文献出版社，2007，第 1 版，第 21 页。

② 〔美〕莱斯特·萨拉蒙等：《全球公民社会：非营利部门视界》，贾西津译，社会科学文献出版社，2007，第 1 版，第 24 页。

的这种联合使得一盘散沙的社会凝结成为坚强而有行动能力的组织化社会。西方现代社会非政府组织的发达，给志愿者和发展慈善事业提供了很好的平台。这些非政府组织的行动使得来自民间自发的、零散的、个体的同情善意转变为"有组织的慈善事业"，汇集为社会有意识、有组织的社会行动，慈善意识在这个过程中不断自我强化。在我国现代化建设的过程中，从民族慈善文化出发，不断形成和完善公民社会的氛围，逐步建立包括慈善公益精神在内的公民道德，是慈善文化形成和发展的路径，也是慈善资源的活水源头，公民的慈善意识有多强，就决定了一个国家慈善资源有多丰富。2008 年的汶川地震救灾活动是对我国公民慈善意识的一次大检阅。因此，本书以此为样本，讨论我国公民、企业慈善意识的发展状况。

一　汶川地震救灾中的志愿者"井喷"现象

有人将 2008 年称为"中国志愿者元年"，因为在这一年，志愿精神回归到它本来的自发、自主和自愿参与的状态，志愿精神也与更多普通中国人的日常生活结合起来；在这一年，志愿精神成为中国公民文化的新内容，并使得中国公民变得更加充实、完整和真实起来①。

（一）企业志愿者

在汶川地震救灾过程中，无论是国有企业、民营企业还是海外企业都踊跃捐款，支援抗震救灾；还有很多企业派出志愿者，参与紧急救援乃至灾后重建的全过程。有的企业志愿者到达灾区的时间甚至比军队都早。

---

① 朱健刚：《中国志愿元年》，http：//view. news. qq. com/a/20080713/00003. htm。

案例：陈光标和他的团队①

从 2008 年 5 月 12 日开始，江苏黄埔再生资源利用有限公司董事长陈光标就进入了"汶川时间"。四川发生特大地震后仅 2 个小时，他亲率 60 台大型机械工程车，披星戴月，风雨兼程，千里救灾，成为全国首支到达灾区的民间工程救援队，并由此开创了"5·12"抗震救灾史上的多项第一。

在抗震救灾过程中，陈光标和他的团队掩埋 6000 多具遇难者尸体，救回 131 条鲜活的生命，捐赠了 785 万元现金、60 台大型机械、600 台教学电脑、3300 顶帐篷、2.3 万台收音机、1000 台电视机、1500 台电风扇、8000 个书包和文具、170 吨大米。截至 2008 年 6 月 6 日，从抗震救灾到灾后重建，用于推山体滑坡、清理废墟等的工程土方量相当于北京市区至首都机场四车道往返……这一组组数字透露了志愿精神的巨大力量。

（二）社会组织志愿者

地震发生后，很多社会组织迅速行动起来，全力投入抗震救灾之中。四川青年志愿者协会和绵竹青年志愿者协会就是其中的杰出代表。灾情发生后，它们快速反应，启动应急预案，迅速号召组织各类志愿组织、民间社团、企业协会、青年群体等社会志愿者奋不顾身投入抗震救灾工作中，累计接受志愿者报名 118 万余人，有组织派遣志愿者 18 万余人，开展志愿服务达到 178 万人

---

① 萧延中、谈火生、唐海华、杨占国：《多难兴邦：汶川地震见证中国公民社会的成长》，北京大学出版社，2009，第 1 版，第 86 页。

次，服务领域覆盖抢种抢收、抢险排险、秩序维护、医疗陪护、义务献血、交通服务、搬运物资、搭建帐篷等诸多领域①。

（三）社会志愿者

地震发生后，那些不隶属于任何组织的社会志愿者纷纷背起行囊，从全国各地奔赴灾区，以各种形式投身到抗震救灾的洪流之中，彰显着蕴藏在他们内心深处的无限热情和巨大能量。结合各方面的数据估算，汶川地震救灾期间入川志愿者达 130 万人次；四川省内志愿者达 300 万人次。其中，根据中国移动数据，2008 年 5 月 12 日至 5 月 31 日，外地漫游至四川 5 个重灾市（州）的用户约 105 万人。根据中国社会工作协会志愿者工作委员会专家测算，在其他省份，参与赈灾宣传、募捐、救灾物资搬运的志愿者超过 1000 万人。所有志愿者的服务价值高达 165 亿元②。

二　汶川地震救灾中企业公民责任感彰显

灾难发生后，国内外社会各界广泛动员起来，纷纷捐款捐物，伸出援助之手。除了前述踊跃的志愿服务、井喷般的慈善捐赠外，企业组织作为市场经济的主体，作为社会结构的重要组成部分，也积极地参与到抗震救灾的洪流之中，在捐款捐物、救治伤员、预防疫病、重建家园和心理抚慰等方面发挥了巨大的作用，描绘出了一幅幅感天动地的场景。从总体上看，企业公民的抗震救灾行动表现出如下几个显著特点。

---

① 萧延中、谈火生、唐海华、杨占国：《多难兴邦：汶川地震见证中国公民社会的成长》，北京大学出版社，2009，第 1 版，第 87 页。
② 邓国胜等：《响应汶川：中国救灾机制分析》，北京大学出版社，2009，第 1 版，第 56 页。

参与救灾迅速。2008 年 5 月 13 日，中国企业联合会、中国企业家协会也向全国企业和企业家协会发出《关于全国企业紧急投入抗震救灾的倡议书》，号召全国企业自觉承担社会责任，积极支援抗震救灾。全国广大企业旋即投入抗震救灾的工作中。截至 2008 年 5 月 18 日下午 5 时，据不完全统计，捐款企业已经超过千家，捐款捐物折合人民币超过 42.67 亿元[①]。历史生动地见证了企业公民意识的觉醒和爆发。

参与主体广泛。抗震救灾中涌现出的众多企业，既有国有大中型企业，也有民营企业和外资企业；既有来自传统的工、农业的企业，也有来自第三产业的企业；既有中央直属企业，也有地方企业；既有中国内地的企业，也有港澳台企业和知名跨国公司。不同所有制的企业在灾区共纾国难，不同行业的企业在四川共襄义举。

参与形式多样。四川汶川发生强烈地震的消息传来，全国人民立即展开大规模的抗震救灾行动。许多公司、企业都挺身而出，表现出很高的积极性。它们通过各种途径，利用各种方式加入抗震救灾的行列中。在灾区现场，一大批企业高管在奋力拼搏；在全国各地，一大批公司企业在捐款捐物。有在第一线的救死扶伤中冲锋在前的，也有在为灾区生产紧缺物资中默默奉献的。

参与状态活跃。汶川地震是新中国成立以来震级最高、烈度最大、损失惨重的地震灾害。与此相应，汶川地震后的抗震救灾和重建家园活动也是新中国成立以来规模最大、力度最强、程度最深的一次。据民政部第 140 号公告，截至 2009 年 4 月 30 日，

① 《中国企业捐款捐物超过 42 亿》，《中国企业报》2008 年 5 月 19 日。

全国共接收国内外社会各界抗震救灾捐赠款物合计767.12亿元。

2008年的汶川地震无疑是惨烈的，但它检验了中国乃至全世界企业的公民意识。地震之后，企业界将接受灾难的经验与教训，以新的更高的标准提升自己的企业文化。责任意识和公益精神的注入将使中国公民社会的成长更加顺利。

第三节　慈善资源并不构成制约我国慈善事业发展的最主要瓶颈

慈善资源的两大捐赠主体是个人和企业。从理论层面来看，个人和企业都有参与慈善活动的充分动因。个人捐赠的动机可以用"完全利他主义"捐赠模型和"部分利他主义"捐赠模型来说明。就企业而言，企业慈善行为的理论依据是企业社会责任。随着全球化进程的加快、社会的进步以及人的观念的不断更新，企业的内部条件和外部环境发生了深刻变化。企业社会责任理论已经演化到了"企业公民"和"全球企业公民"这一全新竞争阶段。企业被看成社会的组成部分，企业政策要和地方政策保持一致，注重权利和义务的统一。作为一个企业，应该像社会中成熟的、负责任的、正直的公民一样，要为社会做出贡献，尊重道德行为准则和规范，在决策过程中要以对社会有益为出发点。在战略管理的每一步中，都可能需要关注社会、伦理和公众的问题。慈善行为对企业来说既是一种竞争压力，也是一种获取竞争优势的手段。企业可以通过战略层面的企业慈善行为，达到提升整个企业价值的目的。因此，企业是稳定的、力量强大的慈善资源供给者。

从我国慈善资源供给的实际状况来看，我国慈善捐赠最近几年有了大幅度提升，特别是 2008 年的巨大自然灾害前所未有地唤起了全民参与慈善的热情，引发了慈善捐赠的"井喷"。2008 年我国接收国内外各类捐赠 861.2 亿元，物资折价约合 208.8 亿元，共计 1070 亿元，占 GDP 总量的 0.365%，较 2007 年的 309 亿元增长 246%。同时，慈善事业的人力资源，即志愿者方面，也取得了长足的发展。2008 年全国志愿者队伍的人数已近亿人。北京奥运会、残奥会期间，共有 170 万名奥运会青年志愿者共提供了近 2 亿小时的志愿服务。志愿者已经在中国成为一个健康向上、人见人爱的社会符号，民众参与志愿服务的热情空前高涨。

慈善文化是慈善事业的价值和信念基础。随着我国居民财富和收入水平的迅速提高，以及 1998 年的南方洪水、2004 年的印尼海啸，尤其是汶川地震这样的重大事件的发生，社会对于慈善事业的关注度大幅度提升，慈善事业的益处和独特的优势已经越来越被广大民众所接受和认可。公民慈善意识、企业社会责任显著增强。

尽管我国的慈善资源近年来增长迅猛，但与世界主要国家相比仍有较大差距。1995～2002 年慈善活动（包括慈善捐赠和志愿服务）占 GDP 的比重美国为 3.94%、日本为 0.82%、德国为 2.56%、法国为 3.21%、英国为 3.7%，而中国仅占 0.37%（中国数据仅包括慈善捐赠，为 2008 年统计数据）①。不过慈善资源并不构成制约我国慈善事业发展的最主要瓶颈，随着导致慈善事业发展滞后的制度层面、行业层面的制约因素的逐步改进，

---

① 民政部政策法规司编《中国慈善立法课题研究报告选编》，中国社会出版社，2009，第 1 版，第 10 页。

我国慈善资源未来有望迅猛增长。因为我国慈善资源的潜力挖掘同时得益于三个方面的驱动力。

第一，政策法律层面。民政部门和各地慈善事业主管部门继续不遗余力地推进《基金会管理条例》修订工作，一些地方政府相继出台《社会募捐管理办法》，推进慈善信息透明等更具操作性和实用性的政策法规。新修订的《企业所得税法》制定了关于企业捐赠抵税上限上调等政策法规制度。2009 年 8 月，民政部将《慈善事业法（草案）》正式上报国务院，并由国务院法制办公室征求各地和各部门的意见。慈善立法进入新的阶段。这些都较好地改善了慈善捐赠的政策环境。

第二，经济层面。中国经济的高速发展使居民可支配收入迅速提高，高收入人群拥有的财富大幅度提升。2010 年中国 GDP 达到 387259.552 亿元，排名世界第二；GDP 增长率为 10.3%，排名世界第一。长期的经济稳定快速增长已经增加了中国企业和个人可自由支配的财富，这为劝募市场提供了良好的基础。

第三，慈善意识层面。慈善在全世界范围内逐渐成为人人可参与、人人可慈善的一种社会时尚，现代意义的慈善文化在中国也开始萌芽，汶川地震中慈善捐赠的"井喷"就是一次很好的检阅。企业社会责任理念深入人心，越来越多的富豪阶层关注慈善投资；志愿服务精神广泛传播，公民个人捐赠意识明显加强。这也为慈善劝募市场提供了良好的基础。

由此可见，我国有着潜力巨大的慈善资源。在我国推进政府与慈善组织间的培育服务性合作关系模式的建立，将激发慈善事业的活力，为社会提供更多的慈善资源，给公众更多公共服务的选择权和自由权，提高公共服务的质量和资源使用效率。

第四节　以汶川地震救灾为例分析慈善组织状况

本节将进一步讨论慈善组织自身是否已经具备了必要的组织基础，在政府的"培育服务性合作"的制度安排下，是否有可能成长为现代意义上的慈善组织。之所以把"汶川地震"作为研究慈善组织的切入点，是鉴于在历史罕见的汶川地震救灾中，我国的慈善组织真正地行动起来了。这不仅是一次集体亮相，也是一次慈善组织理念、行动能力的实践。以汶川地震救灾为样本分析慈善组织状况，成为理论与实践的最佳连接点。

一　慈善组织行动的特点和优势

和政府的救灾工作相比，慈善组织的行动有其自身的特点。就一般情况而言，其行动之迅速、服务之专业、资源利用之高效是政府无法比拟的。除此之外，此次汶川地震中慈善组织的行动还有一些独有的特点，如迅速、专业、高效、联合、理性。

迅速。从民间来讲，慈善组织的行动之迅速是出乎人们意料的。在地震刚发生时，慈善组织几乎与军队同时到达。据北京师范大学对 60 家慈善组织的调查，14% 的组织在震后立即采取了行动，73.2% 的组织在地震后 24 小时采取了行动。其中，61.7% 的组织得知地震后立即召开紧急会议部署救灾；41.7% 的组织公开发布本组织救灾信息；35% 的组织派出先遣小分队考察灾情；35% 的组织立即设计募款方案；33.3% 的组织立即与政府有关部门联系；11.7% 的组织动用紧急储备资金。这是民众对慈善组织知晓率很高的重要原因之一。

专业。和政府的行动相比，慈善组织最大的特色就是它能提供各种各样个性化、专业化的服务。特别是在目前国家的整个救灾体系尚不健全的情况下，慈善组织的这一特点尤其明显。相比之下，慈善组织能比政府提供更专业化的服务，而且这种专业化是表现在各个方面的，无论是在紧急救援阶段，还是在灾后重建阶段，慈善组织所提供的专业服务都让灾区的政府工作人员感到很新鲜。

高效。慈善组织的资源利用率是很高的。这不仅表现在它们能以更经济的方式、以更少的钱办更多的事情，更表现在它们能以有限的资源成倍撬动社会资源，最大限度地发挥资金的公益效率和社会效益。关于前一点，中国扶贫基金会的板房建设是一个很好的例证。中国扶贫基金会在江油建的板房，造价是每平方米470元。但是，后来政府对口援建的板房，价格差别就特别大，从每平方米800元到1800元不等①。关于后一点，举个例子说明：华夏志愿者服务社开展的"志愿者小分队赴川紧急救援"项目在第一时间进入灾区，协助遵道镇政府做好灾民安置工作，动员各方资源，为灾民筹集了价值近百万元的紧急物资，而项目的支出仅为4万多元②。

联合。慈善组织之间的广泛联合，是此次汶川地震救灾中一个非常引人注目的现象。"在我们能够追溯到的263家非政府组织中，组织间的联合行动成了一个普遍现象。在进行深入访谈的77家组织中，只有28.6%的组织是独立运作的，其余71.4%的组织选择与其他组织相互合作联合行动。在有联合行动的非政府

---

① 萧延中、谈火生、唐海华、杨占国：《多难兴邦：汶川地震见证中国公民社会的成长》，北京大学出版社，2009，第1版，第122页。

② 萧延中、谈火生、唐海华、杨占国：《多难兴邦：汶川地震见证中国公民社会的成长》，北京大学出版社，2009，第1版，第122页。

组织中，绝大多数是三家或三家以上的组织进行联合，占所有被访组织的 58.6%，只有两家合作的组织占被访组织的 12.9%。"①

理性。在汶川地震救灾中穿插着一系列与抗震救灾有关的研讨会和论坛，而且，从地震发生的当月开始，就有各种研究机构进入四川，展开与抗震救灾有关的研究工作。仅以南都公益基金会为例，它资助的相关研究项目就有 13 项②。这两个方面工作的开展充分显示了中国的慈善组织、中国的非政府组织、中国的公民社会在逐步走向成熟。非政府组织发起或参与抗震救灾有关的各种研讨会，推进相关研究，以理性的态度来审视抗震救灾过程中遇到的各种问题，以开放而谦虚的态度汲取国内外的经验教训，这不仅对提高非政府组织参与救灾的能力有帮助，而且从长远来讲，它能使此次汶川地震救灾重建过程中自发涌现的各种新鲜的做法及时得到提升，为今后的工作积累宝贵的经验。

二 慈善组织在抗震救灾中反映出的问题

汶川地震特大灾害发生后，国务院在 2008 年 6 月 8 日颁布实施了《汶川地震灾后恢复重建条例》，其中第二条"政府主导与社会参与相结合"，赋予了慈善组织作为社会参与的重要力量参与灾后重建的合法地位和活动空间。民政部王振耀司长高度肯定了非政府组织和志愿者的重要作用："在紧急救援阶段，如果

① 萧延中、谈火生、唐海华、杨占国：《多难兴邦：汶川地震见证中国公民社会的成长》，北京大学出版社，2009，第 1 版，第 122 页。
② 南都公益基金会：《"5·12"灾后重建资助项目已资助项目列表》，http：//www.naradafoundation.org/sys/html/lm_190/2009－06－24/164101.htm。

没有非政府组织和志愿者参与，光靠政府是拿不下来的。"我们看到了慈善组织的崛起，但是机遇总是与困难和挑战并存。抗震救灾对于大多数慈善组织来说，是一个完全陌生的领域。慈善组织在获得了前所未有的资源和发展空间的同时，也因为缺乏经验，遭遇了前所未有的问题和挑战。慈善组织参与抗震救灾经历了三个阶段：第一个阶段是紧急救援阶段；第二个阶段是过渡安置阶段；第三个阶段是灾后重建阶段。针对各个救灾阶段的不同特点，慈善组织的参与机制也反映出了不同的问题。如何在社会需求和自身发展之间寻求有利的平衡点，如何解决工作中面临的矛盾，这对于慈善组织自身的能力建设来说是一个不得不面对、不得不认真思考的发展命题。

（一）慈善组织在紧急救援阶段存在的问题

紧急救援期是指震后一个月的时间。在紧急救援期，抗震救灾的基本目标是救人和解决震后余生的灾民的基本生活，因此这一时期最主要的任务是生命救援、健康维护、移民安置、防疫、防次生灾害、心理安抚、生产自救、保障生命线通达。当全国各地的慈善组织涌向四川时，它们所开展的工作与政府既有重叠，也有所区别。一方面，它们会协助政府做一些常规性的救援工作，如救人、发放物资等；另一方面，它们会发挥自己的专业优势，做一些政府没有顾及或没有能力去做的事情，如对特殊人群的关照等。

1. 慈善组织参与存在的问题

在整个紧急救援阶段，慈善组织以各种形式积极参与，在取得成绩的同时，不同类型的慈善组织也出现了一些问题，而其中民间慈善组织出现的问题更为多样和复杂。

（1）政府背景慈善组织。中国红十字会、中华慈善总会等慈善组织因其具有独特的救灾募捐资格，且有制度化的参与渠道，所以在紧急救援阶段，外部环境对其制约相对较小，其挑战主要来自自身。就红十字会而言，对外部，存在的问题是在制度体系内，如何与当地卫生行政部门等协调的问题；在内部，主要是随着救灾资源的大量涌入，红十字会的能力显得不足，越是基层的组织，其能力越弱。无论是对社会捐赠款物的管理和使用的能力，还是应急和公关能力都面临巨大的挑战。例如，红十字会的"天价帐篷问题"，四川省红十字会在紧急救援阶段处理救灾款物的"堰塞湖问题"，等等。

其他政府背景的慈善组织。这类慈善组织虽然具有一定的政府背景，但由于未被纳入救灾管理的体制之内，所以也会遇到各种挑战。一是缺乏信息，二是传统的关系网络失效。因此，这类政府背景的慈善组织在紧急救援阶段也需要具有独立应急救灾的能力。

（2）民间慈善组织。民间慈善组织总体上存在如下几个方面的问题。

首先，行动较为混乱。地震发生的最初一周，投身到灾区的民间慈善组织数量巨大，然而到了现场之后却发现要做的事情太多，可又不知道自己该做什么，不该做什么。

其次，救援能力不强。我国民间慈善组织参与救灾的热情毋庸置疑，但是我国大部分民间慈善组织较少参与如此巨大的自然灾害的救援工作，专业救援能力较弱。

最后，资源捉襟见肘。汶川地震中所有救灾物资和资金绝大部分由政府或者具有政府背景的慈善组织掌控，其他慈善组织所能运用的救灾资源则屈指可数。资金缺乏的问题对于大多数参与抗震救灾的慈善组织来说都是存在的，或许短期依靠自己的热情和自身的力量能够解决，但从长期来看，组织自身将难以为继。

2. 问题成因分析

通过对不同类型慈善组织在紧急救援阶段的表现及特征的分析，我们不难发现，该阶段各类慈善组织之所以出现这样那样的问题，其主要原因在于以下几方面。

（1）能力相对较弱。紧急救援阶段，慈善组织有待提高的能力主要包括救灾能力和自律能力。救灾能力直接反映在救灾经验的缺乏上，主要表现在两个方面：一方面，地震发生得较为突然，许多慈善组织在没有充分准备的情况下深入灾区；另一方面，也有少数慈善组织未正确定位自身专业特长，匆忙投身抗震救灾，一旦身处灾区却发现并不具备紧急救援阶段所需的专业特长。至于自律能力，既有历史的原因——我国慈善组织发展时间不长，规模不大，加之国家关于慈善组织发展的整体制度仍在完善中，因而相当多的慈善组织自律能力明显滞后；也有慈善组织自身的原因——现实发展过程中，慈善组织仍然在为生存而斗争，缺乏制度建设所必需的财力、物力和人力，因而导致不少慈善组织自律机制失效。

（2）信息不畅通并且没有交流机制。深入灾区的慈善组织因当地的通信设施损毁严重，而遇到前所未有的信息障碍，一度与外界中断联络。由于信息的滞后及信息的不全面，大量慈善组织及志愿者进入灾区后工作任务不明确，致使交通便利的受灾地区救助力量丰厚，而偏僻的受灾地区却无人问津，资源得不到有效利用。另外，慈善组织还存在彼此之间信息无共享、组织与外界信息不通畅等问题，各自为政的发展也制约了慈善组织交流机制的构建。

（3）资源过于集中，分布不均匀。捐赠的款物绝大部分都流向政府或者红十字会和慈善会，其他慈善组织，特别是民间慈善组织所拥有的资源少之又少，以至于很多民间慈善组织的救济工作时断时续，举步维艰。

（4）无制度化参与渠道。政府与慈善组织间没有建立起一套紧急救援的机制，一旦发生灾难，双方无法迅速沟通对话，慈善组织只能通过各自的方式来配合政府的救援工作，在自己的专长领域开展救助。这样随意性地参与救灾，势必造成慈善组织资源的浪费和重复使用，很多时候与政府救援形成重叠。

（5）缺乏有效监管。紧急救援阶段，地方政府受灾严重，自顾不暇，难以腾出精力对慈善组织进行监督，虽然给予慈善组织较大的活动空间，但也造成不必要的混乱和资源的浪费。此外，慈善组织自我监管也较为乏力，由此出现管理失控、违法或者违规行为。外部和内部管理不到位，也给慈善组织的发展带来一定的负面影响。

（二）慈善组织在过渡安置阶段存在的问题

汶川地震后的最初三周是紧急救援的黄金阶段，也是民间组织如潮水般涌入的时期。随着大规模搜救幸存者工作的结束，也宣告紧急救援阶段的终止，工作重点随即转向过渡安置。

1. 慈善组织参与存在的问题

（1）政府背景慈善组织

红十字会和慈善会。红十字会和慈善会在过渡安置阶段遇到的挑战仍然主要来自组织自身。尤其是对社会捐赠款物的管理和使用问题，也是紧急救援阶段延续下来的问题。

其他政府背景慈善组织。该阶段一些政府背景慈善组织在开展板房建设过程中，不同程度地出现了与政府不协调的问题，主要是板房建设领域的确定。例如，有的基金会开展过渡房的建设，与对口援建省份存在冲突；有的基金会与地方政府沟通不够。结果，有些地方政府认为这些基金会越权安置灾区学生，对其活动有些限制①。

（2）民间慈善组织

在过渡安置阶段，民间慈善组织遇到的问题比较突出。具体表现为以下几方面。

一是与各地政府援建项目冲突时有发生。过渡安置板房建设是以各地方政府为主导的，它们大多独立承担设计、施工工作，且在选址、材料准备以及各部门通力支持等方面都具有优先权，但少数慈善组织在策略上存在一些问题，违背了地方政府的安排，自行深入灾区开展过渡安置板房的建设，从而导致了与政府安置项目的冲突。结果，迫使慈善组织退出部分地区，缩小了活动范围。

二是安置设备提供不符合要求。提供安置设备原本是善举，然而，慈善组织不知道过渡安置需要哪些材料，如何使用这些材料，导致提供给灾区用于过渡安置的物资不符合规定的使用要求，这实际上也是一种对资源的浪费。

三是运作经费日益短缺。经费短缺从紧急救援阶段就有，只不过在过渡安置阶段随着慈善组织耗费物资和资金的增加而显得更加紧迫。据不完全统计，过渡安置阶段，民间慈善组织资金缺口一般都在30%左右②。资金不足势必影响过渡安置工作的持续性，不少民间慈善组织常常徘徊在撤退或坚守的十字

---

① 朱健刚：《访谈××基金会负责人》，载邓国胜等《响应汶川》，北京大学出版社，2009，第46页。

② 苏安建、窦丽丽：《面对国际资助，我们没有实力说不！》，《绿叶》2006年第11期。

路口。

四是内部矛盾逐步尖锐。紧急救援阶段，民间慈善组织形成的联合形式，在该阶段结束时或多或少出现了一些矛盾。同时，这个问题也延续到了灾后重建阶段。

2. 问题成因分析

过渡安置阶段持续时间虽然相对较短，但暴露出的问题较为突出，其原因在于以下几方面。

第一，国家对社会的控制能力仍然相当强大，强国家、弱社会的格局变化不大。政府对慈善组织发展的控制还比较严格，这使得慈善组织发展缓慢，组织动员能力较弱。

第二，政府对慈善组织认识不到位，在规划过程中，缺乏慈善组织的参与。除红十字会和慈善会以外，其他类型的民间组织均缺乏正式的参与渠道，结果导致了冲突和资源浪费。

第三，一些慈善组织缺乏过渡安置的经验，专业知识不高、技术水平不强。结果，有的慈善组织不仅没有发挥积极的作用，反而增加了灾区的负担。

第四，慈善组织缺乏资源整合与联合做大做强的意识。中国政府背景的慈善组织自创立之日起，便各自为政、独立运作，组织与组织之间鲜有联合意向或举措。民间慈善组织则不然，在汶川地震发生之前，就已经有过联合的案例。利用汶川地震这一契机，国内慈善组织出现了联合的一轮浪潮。然而，如此广泛的联合却没有持续太久。其本质原因仍然是少数慈善组织及其成员观念落后、眼界较窄、能力不强。

（三）慈善组织在灾后重建阶段存在的问题

随着灾民过渡安置工作的基本结束，灾区进入了重建阶段。灾区重建持续时间长，规模巨大，且专业化程度要求更高，因此，它需要政府、企业以及慈善组织更好地合作。

1. 慈善组织参与存在的问题

慈善组织参与灾后重建，提供人力、物力、财力等多方面的支持，但是在实际的工作开展中也面临一些问题和挑战。

（1）政府背景慈善组织

红十字会和慈善会。红十字会和慈善会在汶川地震中募集了大量的款物，其中大部分用于灾后重建项目。但由于资金量太大，而中国红十字总会、中华慈善总会、灾区红十字会、慈善会，特别是灾区基层的红十字会和慈善会能力非常弱，如何用好这笔巨款，如何选择项目、实施项目、对项目进行监测与评估，从而发挥社会捐赠资金的最大效用，是灾后重建阶段灾区红十字会和慈善会面临的最大挑战。

非灾区的红十字会和慈善会则面临资金转移至财政专户，难以向捐赠人和社会问责交代的挑战。当然，由非灾区的红十字会和慈善会深入灾区开展项目，也的确有些不现实，因为非灾区的红十字会、慈善会实施项目和管理项目的能力不足。另外，也面临项目运作和管理成本的挑战，即在不提取管理费的环境下，谁来为数额不小的项目运作成本买单？这对灾后重建阶段的红十字会和慈善会来说，都是非常现实的挑战。

其他政府背景慈善组织。该阶段，此类慈善组织开展重建项目过程中遇到的挑战较多，其中如何与地方政府合作、如何与社区和灾民合作是主要的挑战之一。背景等的差别，会造成沟通上的障碍。

（2）民间慈善组织

灾后重建期，民间慈善组织面临的问题也不少。与红十字会、慈善会形成鲜明对比的是，民间慈善组织最大的挑战是资源匮乏，没有资金，心有余而力不足。

资金问题。由于社会捐赠资金的主要流向是政府，而政府的资金又自己使用，不委托外包给民间慈善组织。社会捐赠资金的第二个流向是红十字会和慈善会，但除中国红十字基金会拿出2000万元，采取招标的方式拨付给民间慈善组织用于灾后重建外，其他资金也是系统内运作或流入政府系统。结果，民间慈善组织没有资金来源，救灾工作难以持续。

专业性问题。在灾后重建初期，民间慈善组织普遍面临组织或项目管理能力的挑战。以绵竹民生合作社为例："开始时我们给村民做建房规划，但是因为我们太年轻，什么都不懂，又缺乏经验，很多人都不相信我们。到最后，村民还是跟大建筑公司签了合同，我们就没法继续开展工作了。"①

与政府的合作问题。要想在项目点大规模、长期地开展工作，必须获得当地政府的认可，获得政府资金、人员、政策和组织体系上的支持。而很多慈善组织在灾后重建中遇到的问题之一，就是没有形成与政府的合作关系。以医疗卫生为例：慈善组织在灾区设立的康复点基本都依托当地的医疗卫生系统，在当地的医院、卫生院设立康复点，为灾民提供康复服务。但是当地政府和医疗卫生系统对慈善组织的支持有限。一些慈善组织与当地医疗卫生机构的合作仅仅是当地医院或卫生院为其提供一定的场所，慈善组织凭自身的能力和对灾民需求的判断单独为灾民提供服务，双方的医疗服务未能有效地配合。与当地政府的合作也只是让当地政府了解它们工作的内容与进展。

---

① 张强、余晓敏等：《NGO 参与汶川地震灾后重建研究》，北京大学出版社，2009，第 1 版，第 72 页。

2. 问题成因分析

灾后重建阶段，各类慈善组织扮演着各自的角色，发挥着轻重不一的作用，也出现了多种多样的问题，这些问题背后的根本原因主要有以下两方面。

（1）自身能力弱且情况多元和复杂。首先，如前所述，中国政府背景的红十字会、慈善会，特别是基层红十字会、慈善会自身的能力非常弱，使得慈善组织实施灾后重建项目举步维艰；其次，我国民间慈善组织发展历史短、规模小、自身发育不够完善，其产生的背景和地域情况各不相同，组成成分也相对复杂，这就难免良莠不齐，所以要想让民间慈善组织在重建中发挥巨大作用，那是有难度的。

（2）排斥慈善组织的意识与管理体制尚待提升。一方面，如前所述，一些政府部门对慈善组织认识程度不高；另一方面，地方民众也对不少慈善组织比较陌生，其态度较为抵制。此外，少数乡镇只看重民间组织带来的资金或项目，而忽视甚至无视慈善组织本身，也有极少数乡镇不允许慈善组织进入本地开展灾后重建项目。

三 探讨突破制约慈善组织发展的瓶颈

经过 10 多年的发展，我国慈善组织整体水平有了很大提升。慈善组织数量明显上升，规模不断壮大，组织项目多样化。但与此同时，我们还要看到政府背景慈善组织与民间慈善组织分布的"二元化"特征，在制度层面和行业层面都存在制约慈善组织发展的瓶颈。只有建立政府与慈善组织间新的培育服务性合作关系，才能突破制度层面和行业层面的限制，从而推进慈善组织健康、快速发展。

（一） 慈善组织分布的 "二元化" 特征

"二元化" 是我国慈善组织分布的最主要特征。慈善资源在有政府背景的大型基金会和民间慈善组织间的不均匀分布，使得前者面临资源和服务供给能力不匹配的发展瓶颈；而后者由于资源缺乏、法律地位尴尬、公信力较低等原因，多年来的发展一直在低水平徘徊，未取得质的突破。总体上来讲，慈善组织专业化水平低、能力提升缓慢已成为制约我国慈善事业健康发展的主要原因之一。

我国民间慈善组织作为受赠主体，接收的慈善捐赠仅占慈善捐赠总额的很小一部分。以 2010 年为例，全国各类机构共接收捐款 8714564.6 万元。其中，各级红十字会接收捐款 581859.0 万元，占接收捐款总额的 6.68%；慈善总 （协） 会接收捐款 1917887.0 万元，占接收捐款总额的 22.01%；各类基金会接收捐款 3032816.0 万元，占接收捐款总额的 34.80%；而慈善会之外的社团、民间非政府组织和福利院合计接收捐款 114106.0 万元，仅占接收捐款总额的 1.31%[①]。

大型基金会有着政府背景、品牌和资源三方面得天独厚的优势，在我国进行了慈善理念的启蒙，对整个行业的发展产生了积极的示范和推动作用。然而，由于这些大型基金会多数是运作型的基金会，它们凭借特有的公募权和税收优惠权所募集的慈善资源全部用于自身的项目开展，而非资助其他组织做慈善项目。而其自身的运作能力有限，导致大型基金会丰富的慈善资源不能够最有效地提供急需的慈善服务。以这次汶川地震为例，红十字会在一个月之内收到了将近几十亿元的捐款，但没有足够的人力和

---

① 民政部政策司编《中国慈善立法课题研究报告选编》，中国社会出版社，2009，第 1 版，第 27 页。

项目提供相应的服务，导致很多捐款至今闲置在银行里，慈善资源无法得到有效利用。

相比大型的基金会，民间小型慈善组织在数量上发展很快，但无论是从总体数量上还是质量上都与国际发达国家的水平有较大差距，而其未来发展趋势也不容乐观。例如，2008 年国内 7 家大型（亿元以上）基金会募集款物共 48 亿元，与 2007 年相比，筹款额度大幅度上升[①]。相比之下，亿元以下的基金会 2008 年筹款额则多呈下降趋势。这主要是由于民间小型慈善组织发展面临三大瓶颈。

一是准入与管理制度。首先，目前我国的几部非营利组织法规规定，申请注册社团、民办非企业单位和基金会三种民间组织除了要在民政部门登记注册之外，还需要另外寻找一个业务主管单位进行业务监督和指导工作。严格的双重管理体制抬高了慈善组织的准入门槛，使得慈善组织更加依赖业务主管部门，将管理变为控制，削弱了慈善组织的自治性。其次，在资金和人数管理上也存在门槛。1998 年下发的《社会团体登记管理条例》规定，要有合法的资产和经费来源，全国性的社会团体要有 10 万元以上的活动资金，地方性的社会团体和跨行政区域的社会团体要有 3 万元以上的活动资金。在人数上，《社会团体登记管理条例》规定，慈善组织成立必须有 50 个以上的个人会员或者 30 个以上的单位会员；个人会员、单位会员混合组成的，会员总数不得少于 50 个。这导致如果没有足够的资金和人员规模，要达到注册标准很困难，即使成立后，维持运作也很吃力。这也导致了大量

---

① 民政部政策司编《中国慈善立法课题研究报告选编》，中国社会出版社，2009，第 1 版，第 27 页。

未注册的民间慈善组织的存在。

二是慈善资源不足。我国民间慈善组织，尽管近年来发展迅速，但得到的慈善资源非常有限。由于公募权和免税资格垄断、民间组织注册难等制度性限制因素，900家大型基金会吸纳了我国慈善事业将近80%的资源，剩下的为数众多的民间慈善组织只有不到20%的资源。特别是2008年灾害频发，捐助资源更高度集中于政府部门和带有官方、半官方色彩的红十字会和慈善会。在全年1070亿元的慈善捐赠中，只有不足100亿元流向民间慈善组织①。

三是公信力弱。民间慈善组织因为大多数无法注册，法律地位模糊，慈善资源的长期匮乏又导致其自身能力建设跟不上，所以长期公信力差、社会影响小。再加上目前重注册、轻监管的现状，导致民间组织的运作在一定程度上没有得到政府严格把关，公信力也很难得到保证。

（二）制约慈善组织发展的主要瓶颈

综合汶川抗震救灾中慈善组织的实践案例与我国慈善组织发展的整体情况，可以得出结论，制约慈善事业发展的主要瓶颈在制度和行业两个层面上。

1. 从制度层面来看

一是法律体系不完善，调整范围过于狭窄，制度设计明显欠缺，支持扶持法规力度不够。《公益事业捐赠法》第二条规定："自然人、法人或者其他组织自愿无偿向依法成立的公益性社团和公益性非营利的事业单位捐赠财产，用于公益事业的，适用本

---

① 民政部政策司编《中国慈善立法课题研究报告选编》，中国社会出版社，2009，第1版，第25～26页。

法。"在调整范围上只调整捐赠活动，其中又以调整受赠主体和受赠活动为主，这只是慈善活动的一个环节。对于慈善活动的其他环节，诸如募捐活动、慈善组织的治理、志愿者与其服务组织的法律关系、慈善信托等问题都没有包含，调整范围过于狭窄。《公益事业捐赠法》所规定的具体制度主要包括：受赠人的主体资格；捐赠人和受赠人之间的捐赠协议；捐赠财产的使用和管理；公益捐赠的税收优惠措施以及法律责任。这些制度几乎都围绕捐赠环节进行，从慈善事业的发展需求来看，存在制度提供上的明显欠缺。一方面，慈善主体制度不健全。迄今为止，我国为慈善组织提供的一般性法律制度，仅局限于国务院所颁布的三个行政法规，即《社会团体登记管理条例》《民办非企业单位登记管理暂行条例》和《基金会管理条例》。但是由于这些行政法规只是从行政管理角度出发，因此缺乏关于慈善组织的基本规定，诸如在慈善组织的主体资格、基本权利和义务、财产问题、治理结构等方面缺乏相关规范，而且对于慈善组织的规定大多是义务性规范，缺乏扶持鼓励政策，这些都成为慈善组织发展的障碍。另一方面，慈善捐赠制度不完善。募捐是指个人或团体发起的号召公众自愿捐赠钱物以解决紧急重大经济困难的一种活动。由于对募捐活动未实行有效的法律规制，出现了许多消极后果，对慈善事业产生了消极的影响。因此，必须将募捐活动纳入法律调整的轨道。目前，对于募捐的主体、募捐的事由、募捐的程序、募捐的监督管理和募捐财务的使用等都缺乏相应的法律规范予以调整。在其他制度方面，例如志愿者制度、慈善信托等都是现有慈善制度上的空白领域。《公益事业捐赠法》第四章专门规定了优惠措施：原则规定了捐赠者的所得税方面所能享受的优惠，以及境外捐赠所能够享受进口关税和增值税的优惠，还笼统地规定了地方人民政府应当给予公益项目以支持和优惠。但是这些规定存在欠缺，未能与相关法律法规有效衔接，把支持扶持政策仅仅拘囿于税收优惠，而对政府补贴、慈善组织自身的税收优惠、政府采购服务等方面的扶持政策缺少正式的立法规定，支持扶持法规力度不够。

二是政府角色存在错位，部门之间分工和协调有待加强。《公益事业捐赠法》中规定的具有接收社会捐赠资格的主体包括三类：公益性社会团体、公益性非营利的事业单位和县级以上人民政府及其有关部门。同时，该法也明确规定了县级以上人民政府及其有关部门是捐赠活动的监督主体，并赋予其相应的职能。政府机关接收捐赠导致政府在参与慈善事业时存在角色错位的问题。首先，从法理上分析，政府是靠税收收入进行活动的，政府接收捐赠，有向公民增收税费之嫌，如果操作不透明、监督不力，容易滋生挪用、浪费等现象。而且从发展趋势来看，政府要转变职能，将社会性事务交给有关社会组织去办理，而不是包办社会事务。其次，在同一法律关系中，政府既是监管主体，又是受赠主体，这不仅在法理上自相矛盾，而且也存在监管上的缺陷：当政府充当受赠人时，谁来监管其受赠行为？是否仅由政府的自律来规范其受赠行为？即使政府全力保证公正，也还是难避"瓜田李下"之嫌。最后，更为关键的是，10多年来，我国慈善组织发展迅速，已经逐步具备独立承担慈善事业的能力。所以，政府可以尝试着从慈善募捐领域退出，专心构筑社会保障体系，并且承担起慈善组织和慈善事业的监管者身份，将社会事务交由有关社会组织去办理。明确了政府的职能之后，政府内部部门应当如何分工协作又是一个亟待解决的问题。在慈善组织的登记、资格认证、运营监督、捐款管理、税务五个环节上，应该明确由哪个政府部门负责，而这些部门之间又通过什么样的机制来协调工作，使五个环节形成连接顺畅的统一体系。我国慈善管理部门之间分工和协调有待加强。

三是监管体系建设滞后，公众监督、内部治理和行业自律有待推进。我国目前"重注册、轻监管"的现状，不利于整个慈善事业的健康发展。民间慈善组织大量无法注册，即使注册了，对其监管也有限，这种生存状态给整个慈善行业带来了双重风险。首先是道德风险，慈善组织的负责人因为没有监管，在活动内容和资金使用上面临很大的道德风险；其次是监管风险，由于高注册门槛使大多数的慈善组织处于民政系统监管范围之外，注册成企业的，工商部门也不监管其从业内容，使得政府对慈善组织的活动内容、组织形式等方面的情况缺乏掌握。慈善事业是需要广大民众共同参与才能完成的阳光事业，所以动员全社会共同关注和监督慈善事业是非常重要的。报纸、互联网、电视等各种媒体要对慈善事业有深度报道和问题探索，定期公布由民间评估机构对慈善组织的评估结果，达到社会舆论对慈善组织监督的作用。除了政府监管和公众监督之外，慈善组织内部治理也是有效的自我监督途径。理想的情况是在慈善组织可以实行义务董事局领导下的理事长负责制，也就是慈善组织大的战略决策都由理事会（董事会）集团决策，而日常运行则由专业管理人员具体执行。当然，不可能所有的慈善组织都能建立完善的内部治理机制，但享受税收优惠政策的慈善组织应该建立完善的内部治理机制。行业自律协会以及一系列行业自律守则，对于慈善组织的健康发展至关重要。目前，我国还没有全国性的慈善公益行业联合会。地方性的慈善公益联合会很少，且都处于筹建阶段。要形成行业自律机制，首先，要建立全国性以及地方性的各级慈善公益行业联合会；其次，要加强慈善公益行业联合会的权威性；最后，要加强社会对慈善公益行业联合会建立自律机制的督促。

2. 从行业层面来看

一是"双重管理体制"使得慈善组织进入门槛过高。慈善组织的活动要接受主管部门的管理，每次活动要得到主管部门的认可，开展不同的活动还要请示不同政府部门的同意，与政府部门组织和开展工作的程序极为类似。在登记管理方面，由于按照该组织的活动范围和级别实行分级的登记和分级的管理，而且在同一行政区建立已有的业务范围或者相似的社会团体是不允许的，所以慈善组织的发展受到了限制，也抑制了竞争。此外，业务主管单位既不愿承担责任，又没有太大的激励政策去接受民间组织，事实上就造成了大量民间组织无法注册，导致其以企业或者自然人的形式长期存在（分别约为20万家和100万家），或者到工商部门登记注册。在本书的撰写过程中，双重管理体制造成的高门槛是大多数民间慈善组织从业人员首先提出的制约我国慈善事业发展的主要瓶颈。

二是慈善组织在市场机制的运作上还很不成熟，缺乏资本运作技术。我国慈善组织在市场机制的运作上远远落后于西方国家，甚至与中国台湾、中国香港相比，都相差甚远。慈善机构在宣传博爱意识与慈善理念方面的工作还比较欠缺，对自身的性质认识不清，许多机构还将自身视为政府的代表，自以为不需要营销自己，也不需要宣传自己。许多机构没有能力针对捐助群众的需要与可能进行宣传、动员、协商，这些都不利于慈善活动的开展。许多慈善组织也没有详细可行的慈善活动策划，即使有慈善项目策划，也没有很好地实施和开展，而对于哪些是需要帮助的人、哪些是项目的目标群体，还很模糊，这严重影响了慈善项目预期目标的实现，也难免会导致项目的低效率。不能适应市场经济、不熟悉市场规则的慈善机构是缺乏生命力的。能够掌握市场机制、很好地利用市场才是发展现代慈善组织的突破口。因此，慈善组织的发展如果能够运用市场化理念进行资本运作将取得很大的进展。

三是民间组织资源贫乏、社会影响小，多年来能力提升缓慢。我国在慈善组织的物资经费上，由政府资助还只是小部分，而较多的部分则来自个人与企业捐赠，经费不足已经严重制约了慈善组织的发展。不仅政府补贴十分有限，政府对慈善组织在政策支持上也缺乏力度。直到2006年，只有通过中国老龄事业发展基金会等仅8家慈善组织捐赠的企业、事业单位、社会团体和个人，其捐赠才属于用于公益救济性捐款，准予在缴纳企业所得税和个人所得税前全额扣除。具体到民间慈善组织，存在更大的、获取慈善资源的制约因素。首先，具有垄断性公募权的大型基金会均为运作型基金会，很少直接资助民间慈善组织，民间慈善组织的资金来源得不到大型基金会的长期保证。其次，国外慈善组织平均超过35%的经费来自政府购买服务，而在中国，政府尚未形成向民间组织进行公共服务合同采购的传统，故民间慈善组织又失去了一个重要的经费来源。最后，法律地位、公信力和公募权等问题又使民间慈善组织难以直接向民众筹款，导致慈善资源匮乏，发展举步维艰。

四是慈善资源总体募集渠道少，还没有形成稳定的善款筹集和增值渠道，慈善资金来源多为项目性及一次性募捐所得，劝募方式单一，募集型基金会发展滞后。我国慈善组织募集手段和方式单调，缺乏创意，难以激发公众的热情与参与度。在这些方式中，使用最频繁的是通过政府行政手段进行的硬性摊派募捐，这种形式虽然实行起来很有成效，但副作用也很大，使用多了会引起大家的反感和抵触情绪。而在一些慈善事业比较发达的国家和地区，募捐手段多达几十种，灵活多样，具有很强的吸引力和筹款能力。专业化的募集机制是降低募集成本、提高募集效率的最有效手段。像欧美国家，筹集善款都是采取"联合募捐"的形式，如美国的"筹集联盟"拥有1400多个团体会员，有很强的筹款能力。而我国的公益慈善组织在募捐上基本上是各自为政。目前，《基金会管理办法》第七条虽然规定基金会可以利用基金购买债券、股票等有价证券，但对是否可以进行房地产投资和其他实业投资并没有做出明确的规定，所以大多数基金会组织只能将资金存入银行或购买国债进行保值增值，没能形成稳定的善款保值增值渠道。目前慈善组织大多是全能型的组织，既做慈善资金筹集的工作，又做慈善项目的工作，同时还兼做志愿者服务业务。慈善组织之间没有专业化的合作，项目和业务分工不明显。国外慈善组织一般分为两大类：一类是资金筹集型组织，其主要职能是充分发挥募集能力，在社会上广泛筹集资金，并通过市场的运营做大资金规模，然后将资金分流到一些具体的慈善服务组织进行项目救助活动；另一类是慈善运作组织，这种慈善组织的主要职能是设计形式多样的公益产品，实施慈善项目，其资金来源一般是资金募集型组织。慈善组织资金募集与救助相分离的机制是符合专业分工与协作的市场经济原则的，这种机制不仅能提高资金的筹集和使用效率，还能增强资金来源和使用的透明度。

（三）通过构建政府与慈善组织间的"培育服务性合作关系模式"来突破瓶颈

由以上分析可见，中国慈善事业未来的发展战略应深深扎根于中国独特的历史文化和社会经济现实基础，争取走出有中国特色的慈善事业发展道路，通过构建政府与慈善组织间的"培育服务性合作关系模式"来突破制约慈善事业发展的制度层面和行业层面的瓶颈。具体来说，一方面，要改善政府与慈善组织之间的关系，重新定位政府在慈善事业中的角色。做好政策制定者、监管者的工作，转变政府过去在慈善事业中行政主导者的角色，取消政府与慈善组织的行政委托关系，从弱化慈善组织的相对人地位入手，明确慈善组织的法人地位以及慈善组织的公共服务提供者身份。另一方面，慈善组织的发展离不开政府的依托。政府也必须成为慈善组织的强有力的支持者，政府出台的政策必须有助于慈善组织的发展，无论是积极倡导、资金来源，还是人力资源、信息来源，都将成为重点关注的方向。总的来说，要始终贯穿"搭建制度框架，培育伙伴关系""提升专业能力，加强行业公信""鼓励慈善创新，提高组织效率"三个主题，把慈善事业发展成为全民参与踊跃、慈善捐赠积极、慈善组织能力强、社会影响大、创新能力足的构建社会主义和谐社会的重要力量。

第六章　公共财政与慈善组织间培育服务性合作关系模式的制度设计与完善

在前面的章节中，本书明确了我国慈善事业在社会、经济、文化发展中的作用，在对其现状做了一个全面分析之后得出结论：为了尽快突破阻碍我国慈善事业发展的若干瓶颈，从而使我国慈善事业走上健康、快速发展的道路，必须加快建设政府与慈善组织间的培育服务性合作关系模式。政府行政要以财政为依托，因此政府转型也意味着财政的转型。政府与慈善组织的关系要从支配性协作关系模式转向培育服务性合作关系模式，财政也要相应向培育服务性合作关系模式转型。财政行为之所以如此与政府职能同呼吸、共命运，是由财政在政府体系中的关键作用所决定的。在现代政府行政体系之下，没有哪一个部门能够像财政部门一样具有统揽政府所有活动的层次和视角，因此我们说，政府与财政在本质上是同一的，而政府转型也与财政转型同一。政府的财政资助导向、财政资助的领域及力度直接反映了政府的政策导向。我国政府与慈善组织间的支配性协作关系模式的实质是：政府仅从浅层次的"取"的角度考虑公共财政与慈善组织的关系，从政府内部分化出慈善组织以获取资源来缓解财政资源在解决下岗、失业、贫困、医疗、养老等社会问题方面的压力。构建新的政府与慈善组织间的培育服务性合作关系模式的实质是：政府从更深层次的"先予后取"的角度考虑公共财政与慈善组织的关系，通过对慈善组织给予资金支持，扶持慈善组织发展壮大，使之成为独立的公共服务供给主体，从而充分挖掘慈善事业潜在的资源，使慈善事业为社会提供更多的公共服务，增进人民的福祉。再从公共财政建立的角度来看，通过培育、服务于慈善组织，才能使之成为公共服务的多元供给主体，也才能适应公共服务型政府改革的需要，把政府"划桨"的职能分离出去，形成"小政府、大社会"的格局，使公共财政能够真正具有自己的特征：以满足社会公共需要为财政分配主要目标和财政工作重心；以提供公共服务为"以财行政"的基本方式；以规范的公共选择为公共决策机制；以现代预算制度为财政运行的基本管理制度。

第一节　构建政府与慈善组织间培育
服务性合作关系模式

在政府角色的层面，政府应当有所为而有所不为，做好政策制定、监管、倡导、资金支持、基础信息发布等工作，逐渐从慈善组织运作以及慈善捐赠、募集等角色中退出。从现实的组织架构层面看，中国政府虽然在短期内很难建立类似于英国慈善委员会的架构，但相关部门应该牵头，建立跨部委的独立的慈善工作协调机构。要改革慈善组织注册的"双重管理体制"，以降低慈善组织注册门槛。这样才能构建政府与慈善组织间的培育服务性合作关系模式，突破制度层面对慈善组织发展的制约。构建新的政府与慈善组织的关系模式，公共财政与慈善组织的关系也就要相应转型为培育服务性合作关系模式。设计好公共财政与慈善组织间的培养服务性合作关系模式的制度框架，本书研究的主题"公共财政制度下的慈善组织发展"也就有了答案。

一 重新设计政府管理慈善组织的职责

慈善事业的发展，正像其他很多事业的发展一样，都需要政府的支持、促进、呵护、监管。然而正如上文所言，现代慈善事业在我国发展历史较短，政策制定者有时很难确认哪些职责应由自己积极承担，哪些角色应当移交民间。笔者认为，对于构建政府与慈善组织间的培育服务性合作关系模式而言，政府应当承担以下职责。

一是政策制定。在宏观层面上，政府应当承担起制定慈善事业宏观规划和战略、推进慈善立法等职责；在微观层面上，政府应当不断革新慈善组织的注册、公募权以及免税资格等政策的内容和实施细节。二是有效监管。政府应该划分成慈善性质、财务、业务和犯罪四个层面对慈善组织进行监管。三是积极倡导。政府应当承担起对公民进行慈善教育和向社会积极宣传慈善文化的职责，应当通过多角度、多渠道认可和奖励"慈行善举"。四是资金支持。资金支持包括间接资助，也就是逐渐将免税范围审慎扩大；也包括直接资助，也就是通过政府购买服务，将一部分公共福利投入养老院、孤儿院等，逐步采用社会公开招标的方式运作，由符合条件的慈善公益机构竞投承接，为劝募市场释放更多的公共空间。五是基础信息发布。政府应当承担起整个慈善事业基础信息的发布者功能，可以建立或鼓励社会建立一站式信息渠道，慈善组织以此共享信息、发布信息、公布需求，提高慈善市场的效率和政策制定的有效性。

在承担以上职责的同时，政府不应承担以下角色。

一是慈善组织具体运营。因为慈善组织属于非营利组织，也就是非政府组织的一部分，所以从一开始慈善事业就是民间的。政府和慈善组织都可以提供公共服务，但彼此分工和比较优势不同。财政拨款做事情代表的是国家和所有纳税人，而慈善组织做事情代表的则是民间自发的力量。政府应当将慈善事业交给民间，由民间自己来运营，使得慈善组织的运营更加贴近社会问题，创新的原动力更强。二是慈善资源的募集者。政府应当将税收收入与慈善捐赠分开，政府作为慈善资源的募集者，其实是用国家的信用做担保，这是应当避免的。一般情况下，政府不应该动用其公共权力为某个慈善组织筹款。

二 逐步建立一个独立的慈善工作协调机构

明确了政府的职能之后，政府内部各部门应当如何分工协作又是一个亟待解决的问题。在慈善组织的登记、资格认证、运营监督、捐款管理、税务五个环节，各国的部门分工有所不同。例如，在慈善组织日常运营监管方面，美国和德国是由司法部门主管的，英国是由慈善委员会主管的，俄罗斯、印度、中国台湾是由政府内务部门（如内政部）主管的，而日本则是由业务对口部门主管的。

从长期来看，中国应该致力于建立一个类似于英国慈善委员会的跨部委慈善工作协调机构。英国的慈善委员会是一个独立于任何部门的政府机构，它的使命是让慈善事业成为社会的支柱力量，以增进公众对慈善组织的信任和信心，帮助慈善组织实现社会价值，保证慈善组织遵守法律规定和鼓励慈善组织创新。世界各国的非营利组织专家大多认为：无论是在慈善事业发展的早期还是成熟期，政府成立一个专职管理慈善部门的机构对支持和促进慈善事业发展至关重要。没有成立专职机构的国家都得到了教训。最近的政府机构改革中，在民政部门专门设立了慈善事业促进司，这是政府推动慈善事业发展改革的行动。虽然这距离建立类似于英国慈善委员会的机构还有相当的距离，但民政部成立新的慈善事业促进司迈出了良好的第一步。未来可以由民政部牵头，在目前各部委分工协作的基础上，先建立一个非正式的工作协调机构，以便为长期建立慈善委员会做准备。财政应对这个非正式的慈善工作协调机构给予资助。但财政部及有关方面应当公开明确所提供的经费在性质上属于政府资助，而非行政拨款，因为经费一经拨出，政府即丧失对该笔经费的支配权。

三　降低慈善组织注册门槛

在解决了监督机制问题后，接下来重点讨论如何改革慈善组织注册的双重管理体制，以降低慈善组织注册的门槛。

在本书中多次提到，慈善组织"注册难"的问题一直是制约我国民间慈善组织发展的首要的制度瓶颈。而造成慈善组织注册门槛高的主要原因是注册时的双重管理体制，即慈善组织在去民政部门登记之前，需要先找到一个业务主管单位。双重管理体制在特定的历史时期起到了一定的稳定和过渡作用，但主管单位缺乏激励机制而不愿接受慈善组织，导致一般慈善组织很难找到挂靠的业务主管单位，从而造成大量民间慈善组织无法登记注册，制约了慈善组织的发展。

采取慈善组织需要先找到业务主管单位才能登记注册的办

法，主要是为了加强对慈善组织的有效监管。那么如何能够做到既可以降低门槛，使得有做慈善意愿的组织和个人比较容易地参与到慈善事业中来，同时又能维持对其的有效监管呢？从中国国情出发，笔者认为目前最可行的办法是由中国慈善立法课题研究报告《发展中的中国慈善事业》所提出的，按照优化流程、分级管理、区别对待的原则，采取"四级慈善组织"的分类监督和指导体系，发展备案型慈善组织、注册型慈善组织、免税型慈善组织和公募型慈善组织[①]。

（一）备案型慈善组织[②]

备案型慈善组织为最低级但也是最灵活的一种慈善组织。对于一些小型的、处于起步阶段、暂不具备注册为法人条件的在农村乡镇和城市社区中开展活动的民间慈善组织，可以先通过登记管理机关备案的方式成为备案型慈善组织。备案型慈善组织不具有法人形式和免税资格，也不具有公募权，但算是国家对其开展活动的认可。待备案期间运作成熟之后，想要成为法人，享受免税资格和公募权，可以进一步登记注册。同时，如果在开展活动期间做一些与慈善宗旨无关的事情，国家可以在任何时候取消它的资格，并在几年之内不准许注册，对于犯罪行为则更加严惩不贷。

（二）注册型慈善组织[③]

当一个慈善组织已经具备了一定的规模和实力，而且其使命也是慈善性质的，那么它可以选择直接注册为新的"注册型慈

[①] 民政部政策法规司编《中国慈善立法课题研究报告选编》，中国社会出版社，2009，第1版，第47页。

[②] 民政部政策法规司编《中国慈善立法课题研究报告选编》，中国社会出版社，2009，第1版，第47页。

[③] 民政部政策法规司编《中国慈善立法课题研究报告选编》，中国社会出版社，2009，第1版，第48~49页。

善组织"。为了降低慈善组织的注册门槛，对双重管理体制有所突破，在短期内可以选择以下三种方式之一。

第一种方式，取消业务主管部门，直接在民政部注册为慈善组织。第二种方式，保留业务主管部门，调整注册流程，采取会签制度：申请人直接将材料递交民政部门，由民政部门进行初步审查，定期汇集，并负责帮助慈善组织找到相关的业务主管单位，相关业务主管单位需要在规定期限内给出同意或者不同意的批复，并简单阐明理由。第三种方式，无法确定业务主管单位的慈善组织，民政部门可以承担业务主管单位的职责。

从长远来看，笔者认为在四级慈善组织认证制度下，注册型慈善组织的注册可以直接取消业务主管部门。原因是注册型慈善组织不同于原有的民办非企业单位，它只是获得了法人的身份，但还并不享受免税权、公募权等，除了"名正"之外，相对于企业没有任何好处，反而还需要接受更加严格的监督。所以愿意注册成这样组织形式的慈善组织的目的非常明确，对其注册的门槛可以降低。而且，无论注册时有没有主管单位，其实都不影响业务主管部门对慈善组织的监管。以企业为例，"注册时没有企业主管单位就无法进行对企业的有效监管"这一结论是站不住脚的，慈善组织的监管道路也是一样的。事实上，现实中业务主管单位更多也是形式上的，真正能够实施有效的过程监管的也非常少，所以双重管理的注册方式在四级慈善组织注册体系下可以突破。

（三）免税型慈善组织①

通常所说的慈善组织的税收优惠有两种：一种是慈善组织自

---

① 民政部政策法规司编《中国慈善立法课题研究报告选编》，中国社会出版社，2009，第 1 版，第 49 页。

身的所得税减免；另一种是捐赠人给慈善组织捐赠之后对其所得税的抵扣。免税型慈善组织指的是前一种。

一个组织注册成为慈善组织，运行 1~2 年后，如希望取得慈善组织自身所得税的免税资格，可以继续向政府申请成为更高一级的免税型慈善组织。这种申请因为涉及免税，所以此过程可以由民政部门联合税务部门共同负责，同样可以采取会签制度，申请人只需将材料递交民政部门，就可在一定期限内得到批复。此外，还要注意以下三点：第一，享有税收优惠的慈善组织将接受更为严格的监管；第二，税收优惠资格每年需要接受检验更新；第三，已具有法人资格的具有慈善使命的民间组织（民办非企业单位、社团、基金会），可以直接申请成为免税型慈善组织，由政府为它们建立简单快速的转化流程。

（四）公募型慈善组织①

免税认证成功后，如希望取得公募权和捐赠抵税发票开具功能，需要进一步申请成为公募型慈善组织。

第一，此过程可以由民政部门、税务部门和财政部门共同负责，也可以采取会签制度，申请人只需将材料递交民政部门，就可在一定时期内得到批复；第二，对公募型的慈善组织，监管最为严格；第三，公募权和税收优惠等资格每年更新一次。

这种四级的慈善组织注册体系是一种稳健而又具有创新意义的制度突破，它实际上明确了慈善组织的不同等级的门槛、权利和义务，对于不同注册"需求"的慈善组织有了符合其意愿的

---

① 民政部政策法规司编《中国慈善立法课题研究报告选编》，中国社会出版社，2009，第 1 版，第 49~50 页。

注册形式，实际上降低了合法开展慈善活动和成为法人的门槛。此外，除本土慈善组织适用此注册方法之外，国际慈善组织也可以参考本方法。只不过国际慈善组织在中国的办事处不大可能采用备案制的形式，政府需要更加严格的监管，所以可以按照注册型慈善组织、免税型慈善组织和公募型慈善组织三级体系来注册。

但需要注意的是，在这种四级注册制度下，一个慈善组织如果要成为最高级别的公募型慈善组织，需要经历好几次注册和申请的流程，这在某种程度上增加了产生腐败环节的可能性。所以，建议民政部将所有慈善组织的注册统一在网上进行，给所有的慈善组织统一编号，并向社会公布对其申请的处理结果并简要说明理由。此外，可建立对于某些特别优秀的慈善组织在特批的情况下能够快速"晋级"的机制。

在构建政府与慈善组织间培育服务性合作关系模式后，接下来需要进一步对构建公共财政与慈善组织间培育服务性合作关系模式进行制度设计与完善。

第二节　对构建公共财政与慈善组织间培育
服务性合作关系模式的总体性认识

政府培育、服务于慈善组织的出发点，一方面是为慈善组织开展活动创造良好的条件和环境；另一方面是针对具体的慈善行为给予相应的政策扶持与照顾，引导慈善组织可持续发展。同时还要考虑到政府的资助，无论是有意的还是无意的，会威胁到慈善组织本身所固有的优势，如独立性、志愿性。所以，政府对慈善组织的节省、效率、责任的要求，必须与慈善组织对一定程度的自主决策和不受政府控制的需求相协调；反之，慈善组织对自身独立性的要求，也必须与政府对实现社会公平、保证公共资源被用于预期目标的需求相统一。因此，公共财政对慈善组织的"培育服务性"支持，首先要避免使用过去计划经济体制下的直接行政的方式，即政府包办慈善所需的一切资源、一切场所和一切服务。要结合慈善组织的慈善性行为的志愿性特征，选择包括传统类、创新类、先锋派类的各种财政工具及其组合。

一　对政府向慈善组织提供财政支持的原则性认识

公共财政对慈善组织的"培育服务性"支持，是要把慈善组织提供公共服务的微观效率优势与政府提供公共服务的优势结合起来。在很多情况下，这种机制能够有效地把公共部门提供的资金与私人部门提供的资金很好地结合起来。这样就比双方各自仅依靠自身的力量，能提供更好的服务。当然，这并不是说，所有的公共服务都应该通过这个机制来提供，因为它也仅适用于一定的范围。但可以把这种方法作为国家的公共服务提供系统的一个重要方面来加以完善。

（一）政府对慈善组织提供财政支持是出于自身的法定责任

就财政维度而言，尽管私人捐赠和志愿活动极其重要，但期望依靠这些资源来提供各种公共服务，包括社会保障服务，是不切实际的。这些服务是先进工业社会为了最有效地利用人力资源所必需的。慈善事业仅仅是社会保障体系中的补充力量，虽然它也以解决脆弱社会成员的生存困境或特殊困难为基本目标，但它与正式的社会保障制度有重大区别，这不仅表现在经济基础和运行方式的不同上，更体现在道德与政治和法制的差异上，因为正式的社会保障制度体现着政府的责任和国民的法定权益。

就公平维度而言，政府不仅能够更好地提供公众所需要的公共服务，而且能够更好地确保资源在各个地区和人口的各个部分之间进行公平的分配。私人慈善资源在最需要的地方可能被利用，也可能不被利用。在缺少政府机制的情况下，要把可利用的资源可靠地分配到最需要的人群和地区，是非常困难的。

就多样性维度而言，尽管慈善组织作为服务提供者有许多优势，但同时也有许多弱点。例如，私人志愿机构有可能会影响到个人的宗教或道德偏好。因此，政府的作用是保障公共服务提供体系的多样性，包括为营利性和非营利性的供给主体提供资金支持。

就公众确定优先考虑的事情的维度而言，民主社会的主要宗旨在于，公众能够通过民主的政治程序确立优先发展的事情，并利用资源来付诸实施。如果依靠慈善组织的主动行动，会剥夺公众的民主决策权利，并把确立优先考虑事情的决策权移交那些对私人慈善资源控制最强的人。

由此，我们应该认识到尽管慈善组织有着种种优势，但它也有着特定的局限，这使得完全依靠慈善组织来提供公共服务是不可能的。从财政、公平、多样性、由公众来确定优先考虑的事情四个方面来考虑，政府应该对即使已经有慈善组织参与的公共服务领域提供资金支持。在提供资金支持的同时，政府应要求慈善组织的行为合法。其中，最基本的要求是在公共资金支出方面要符合最基本的财务责任要求；对政府提供给慈善组织的资金的使用，要符合政府支持的目标。关键在于，政府的财政支持既要保护合法的公共利益，又要不损害慈善组织作为政府的有效伙伴的关系。

（二）政府提供资金支持的目标是强化慈善组织的优势

慈善组织的慈善行为有其传统的社会价值，包括群体和个人自由、多样性、社区感、公民行动主义和慈善。这些特点使得为了国家利益，政府即使付出成本，也要保护和培育慈善组织。不仅如此，慈善组织在公共服务的提供中，还有许多更为实际的优势。一是相当程度的灵活性。它来自慈善组织可以相对容易地形成和解散，以及理事会对行动领域的熟悉。二是在许多慈善项目领域已经存在的制度结构。在一些领域，政府项目开展以前，慈善组织就已经频繁开展活动了。三是普遍较小的运作规模。这为根据顾客需要提供服务提供了更多的机会。四是更有能力避免零碎的方法，集中关注家庭或所有个人的需求，而不是关注单个问题①。

无论是有意还是无意的，参与政府项目会威胁慈善组织这些方面固有的优势。政府资助慈善组织主要会对慈善组织构成三个方面的潜在危险：第一，使慈善组织失去自治性或独立性，尤其是会弱化该部门的倡导作用；第二，慈善组织出现"卖方主义"，或者是说慈善组织在寻求政府资金支持时扭曲自己的使命；第三，慈善组织官僚化或过度专业化，失去灵活性和地方控制，而这些是慈善组织最大的长处②。

就慈善组织的独立性而言，一旦接受了政府资助，它有可能转向关注政治上的代理人优先关注的事情，而不是服务对象的需

---

① 〔美〕莱斯特·萨拉蒙：《公共服务中的伙伴——现代福利国家中政府与非营利组织的关系》，田凯译，商务印书馆，2008，第 1 版，第 116 页。
② 〔美〕莱斯特·萨拉蒙：《公共服务中的伙伴——现代福利国家中政府与非营利组织的关系》，田凯译，商务印书馆，2008，第 1 版，第 109 页。

求。但从另一个角度来看，在资金方面，慈善组织几乎不可避免地是依赖性的，不是依赖公共资金，就是依赖私人来源。在历史上，私人资金像政府资金一样，也伴随着许多附加条件，威胁慈善组织的独立性。

就卖方主义而言，担心政府的资金会诱使慈善组织把精力集中在与慈善组织自身认为重要或愿意去做的并不一致的领域，从而扭曲慈善组织的使命。此外，由于专业人员能够在董事会的影响和控制之外寻求资金来源，志愿组织的董事会可能因此失去对机构的有效控制。但以美国的经验证据来看："为了接受政府资金，它们在使命上仅有的一个变化是，它们让政府相信，会把更多的服务集中在穷人身上。这样，符合慈善的特殊主义的概念，正是财政支持慈善的理由之一。"① 而且，私人资金同样有可能给慈善组织带来改变机构目标的压力。

就官僚主义和专业化而言，担心慈善组织为了处理政府项目的财务责任标准，通常不得不发展内部管理程序，减少了机构的灵活性，威胁到其非正式的、志愿的特点。此外，政府项目有时会伴随着管制方面的规定，导致对专业人员更大程度的依赖以及对志愿者更少的依赖。在有关财政对慈善组织的资助产生消极影响的所有担心中，这可能是最为可信的。但是，加强机构管理、更紧的财务控制、在服务中使用专业人员这些压力，并不仅仅来自政府。在社会服务、健康、教育甚至艺术和社区组织方面，越来越专业化已经成为主要趋势。事实上，专业化的推动力部分来自志愿部门，许多私人出资者越来越希望，他们提供资金的机构

---

① 〔美〕莱斯特·萨拉蒙：《公共服务中的伙伴——现代福利国家中政府与非营利组织的关系》，田凯译，商务印书馆，2008，第1版，第112页。

有着更为可靠的财务管理。从运营的另一个角度来看，慈善组织经常不向政府收取足够的费用来开展公共出资的服务，而必须使用自己的资金来提供帮助。

这就意味着政府资助慈善组织时，需要帮助强化而不是弱化慈善组织与众不同的特点。具体包括：一是在补助金和合同支付方面，避免慈善组织大量的现金流；二是避免对慈善组织非服务性职能的不恰当干预；三是使用挑战补助金或其他资金方式奖励使用志愿者的机构，或者鼓励私人部门资金补充公共资源；四是持续鼓励私人捐赠，这对非营利机构保持独立性和灵活性很重要。

二　大量的政府资助是慈善组织健康发展的基础

从发达国家慈善组织的发展来看，不同国家慈善组织在发展过程中，都或多或少地依赖政府的扶持和资助，尤其是英国，慈善组织的收入主要依靠政府拨款。以 2004 年为例，英国志愿部门的收入有 37% 来自公共部门（主要采取政府拨款和合同的形式）[①]。新加坡政府为老人服务、教育、残障人员的培训、建立家庭服务中心而进行的资金筹集费用在整个资金成本中已占50%[②]。在慈善组织收入中政府财政资助比重高的国家，政府对哪些慈善组织进行资助或加大投入，就说明政府对这些慈善组织所活动的领域予以关注并大力扶持，所涉及领域的慈善组织也就比较繁荣。相反，得不到政府资助的慈善组织只能通过自身的经

---

① 徐麟：《中国慈善事业发展研究》，中国社会出版社，2005，第 1 版，第 322 页。

② 施昌奎：《北京慈善事业运营管理模式》，中国经济出版社，2008，第 1 版，第 139 页。

营、服务活动和其他筹资渠道获取足够的收入，否则就会处于比较艰难的生存境地。

政府对慈善组织的资助程度，可以针对不同类型的慈善组织所提供的公共物品的公共性、公益性及受益范围的差异，采取不同的资助强度和方式。政府资助不一定要采取政府直接投资亲自经营的方式，可以采取多样化的方式，其原则在于降低公共物品的供给成本，提高公共物品的供应效率。例如，采取政府津贴、补助、政府购买、合同承包等方式，这种政府与慈善组织在提供公共物品中的合作不仅可以降低政府直接生产公共物品的财政负担，还可以大大提高公共物品的生产效率。

以美国慈善组织为例，20世纪80年代进行的政府对社会福利支出和非营利机构资助的削减，并没有解放非营利部门，而是迫使其远离了处于危难中的人群。美国莱斯特·萨拉蒙教授指出，非营利人类服务机构（美国最具慈善性的非营利组织）作为非营利组织，处于一种特别脆弱的地位，"依赖外部单位来获取资源，但没有足够的权利与这些单位进行对抗"（哈森菲尔德和英格利希，1974）。为了应对政府对非营利机构资助的削减，非营利人类服务机构不得不发展自身内部的惯例、使命概念、对待员工的方法以及关于服务对象的定义，以和现实环境相妥协。这包括拓宽社会服务的概念，它们已把非营利人类服务机构的领域扩展到穷人的需求以外；发展与组织雇员的专业化相适应的任务模式；资金来源——服务收费的合法化，以稍微减轻对私人慈善捐赠的依赖①。

---

① 莱斯特·萨拉蒙：《公共服务中的伙伴——现代福利国家中政府与非营利组织的关系》，田凯译，商务印书馆，2008，第1版，第153页。

正如表6-1所示，在政府和非营利组织对贫困的关注之间，存在强烈而持续的关系。

表6-1　非营利人类服务机构的收入来源和对贫困的关注（1981年）

单位：%

来　源	人员服务机构的平均收入百分比				
	绝大多数为穷人	一些穷人	很少穷人	没有穷人	所有机构
政　　府	57	45	33	29	38
私人捐赠	28	33	32	25	31
会费、服务收费	8	17	26	38	23
其　　他	7	5	9	8	8
总　　计	100	100	100	100	100

注：百分比是以各组中所有机构汇报的总收入为基础的。

资料来源：〔美〕莱斯特·萨拉蒙：《公共服务中的伙伴——现代福利国家中政府与非营利组织的关系》，田凯译，商务印书馆，2008，第1版，第138页。

从表6-1可以清楚地看到，1981年，美国主要为穷人服务的机构中，平均57%的收入来自政府，而没有穷人服务对象的机构，只有29%的收入来自政府。反之，随着来自私人慈善资源收入份额的增加，非营利机构对穷人的关注减少了，除了那些没有穷人服务对象的机构。这些没有穷人服务对象的机构，在更为商业化的环境中运作，近40%的收入来自收费。这些数据表明，非营利人类服务机构把有限关注点放在穷人身上的主要原因之一，正是由于可以获得政府的财政支持。

20世纪80年代美国进行的政府对社会福利支出和非营利机构资助的削减，并没有解放非营利组织，而是迫使其远离处于危难中的人群。20世纪90年代政府资助的增加，也并没有像有些人担心的那样，扭曲了非营利机构的传统目标，而是使得这些机构能够保持更强的、为穷人服务的传统慈善观念。如今，美国志愿服务组织与政府保持着密切的合作关系。美国各级政府对志愿服务的资助数额巨大，占志愿服务资助来源的 43% 以上。以 1998 年为例，当年志愿组织收入总额达 6214 亿美元，其中约 2500 亿美元来源于政府资助①。

三　优化财政对慈善组织"培育服务性"支持的工具

政府工具是多元的，包括财政补助、征税、契约、股权投资等。针对不同的慈善组织与慈善项目，应该选择不同的工具组合，以发挥财政资金"四两拨千斤"的作用。从政府工具的分类中，结合慈善组织的慈善行为的志愿性特征，大致可以总结出以下公共财政培育、服务于慈善组织的可选工具②。

第一，税收政策。政府运用税收政策鼓励企业与个人捐赠和从事慈善公益事业，办法是从应税收入中减免抵押贷款的利息和扣除慈善捐赠。地方政府可以采用免税的办法来诱使慈善组织和企业从事或扩大自己在地方范围内从事的活动，鼓励企业雇用接受福利救济的人。

第二，凭单制。政府通过给希望帮助的困难群体提供有价证券，包括食物、医疗、教育等领域，这些有价证券具有购买货物和提供服务的能力，并让指定的合作慈善组织来生产相关的货物和提供相应的服务，为这些慈善组织创造提供慈善服务的市场和机会。

第三，拨款与补助。政府对从事公益事业的慈善组织项目给

---

① 施昌奎：《北京慈善事业运营管理模式》，中国经济出版社，2008，第 1 版，第 148 页。

② 上海市慈善基金会、上海慈善事业发展研究中心编《慈善理念与社会责任》，上海社会科学院出版社，2008，第 122 页。

予资金资助，对慈善组织在从事慈善救济活动中的损失给予财政补偿。

第四，贷款担保。政府通过承担部分或全部风险来鼓励银行或其他贷款者向慈善组织为完成公共目的的项目发放贷款。

第五，合同。政府通过与慈善组织订立合同，购买慈善用途的物品和服务。

第六，种子基金和股权投资。政府为了鼓励或支持一项理想的慈善项目，在资源短缺的情况下，通过运用种子基金或股权投资，可以调动更多的慈善资金，也使慈善组织获得了坚实的合作伙伴。

第七，志愿者服务。政府通过调动或鼓动街坊、社区、商业区或雇主集团组织成立各自的协会来提供服务，这些协会具有相对稳定的志愿服务人员，一旦企业从事慈善活动，可以提供充足的人员配备。由于企业从事慈善活动往往是出钱不出人，有时苦于无人能干，因此一些慈善计划被搁置。志愿者协会或志愿者组织的存在，为企业的资本与社会的人力结合提供了条件。

第八，奖励。政府对从事慈善活动绩效优异的慈善组织给予精神、物质和荣誉的奖励，这种奖励对于提高慈善组织的社会声誉具有重要的价值。

第九，信息与技术支持。政府通过向社会公众提供信息的手段可以为从事慈善活动的慈善组织带来巨大的影响力，也可以通过信息手段使企业了解从事慈善活动的空间、市场等。另外，政府通过向慈善组织提供技术援助，使其能够更好地提供一些有价值的公益活动。

政府培育、服务慈善组织的立足点，一方面是为其开始活动创造良好的条件与环境；另一方面是对于具体的慈善组织的慈善行为要给予相应的政策支持与照顾。

四　找准财政支持慈善组织的主要领域

社会需求是慈善事业发展的最大动力。目前，我国社会实际需求最大的是教育、救灾与重建、帮助弱势群体的社会服务领域，需要慈善事业的介入以弥补政府提供公共服务的不足。把教育放在慈善公益领域的首位是世界各国的普遍做法，也与我国的现实情况相符。之所以把教育放在慈善公益领域的首位，是因为教育被认为是社会改良最重要的手段。现代慈善理念认为，"授人以鱼，不如授人以渔"。相信优胜劣汰，又相信人可以通过教育提高素质，变劣为优；相信机会的平等、自由竞争，同时认为最重要的平等是教育机会的平等。就我国的具体情况来说，中国人历来有重视教育的传统。救灾与重建成为我国慈善公益活动的第二大领域，尤其是企业首选开展慈善捐赠的领域，体现了慈善事业救死扶伤的人道主义精神。帮助弱势群体之所以成为我国位居第三的慈善公益领域，是因为，一方面，帮助弱势群体是慈善事业的天职，如美国慈善基金会就自称"向贫困的根源开战"；另一方面，也与我国仍然是一个发展中国家，以及贫困人群众多的现实有关。因此，帮助弱势群体成为非常受关注的领域。再从世界各国慈善活动实践的历史经验和现状来看，慈善事业都普遍将教育、科学研究、帮助弱势群体、医疗卫生作为主要活动领域。因此，我国财政应立足于我国社会对慈善事业的现实需求，并结合慈善公益事业发展的国际趋势，把教育、救灾与重建、帮助弱势群体作为支持慈善组织发展的主要活动领域，把科学研究、医疗卫生、可持续发展领域作为财政支持慈善事业发展的远期活动目标。

（一）国内外最能吸引慈善资源的领域

国内最能吸引慈善资源的领域是教育、救灾与重建、帮助弱势群体。根据《2008 年度中国慈善捐助报告》[①] 的统计数据，2007 年，全国用于助学、扶贫济困和救灾这三个领域的慈善捐赠占总额的58%。2008 年，助学、扶贫济困、救灾依然是最主要的善款流向。除去冰雪灾害、抗震救灾外，日常捐赠总量达 309.7 亿元，其中47% 用于教育领域，18% 用于奥运及发展体育事业，22% 用于扶贫济困等综合慈善领域，6% 用于发展文化艺术事业和医疗卫生事业。2009 年，教育、救灾和社会服务等领域仍然是国内最能吸引捐赠资源的慈善领域。《2009 年度中国慈善捐助报告》[②] 报道："根据我们对日常捐赠总量中的约 90 亿元捐赠数据的信息监测，发现教育、救灾和社会服务等领域仍然是国内最能吸引捐赠资源的慈善领域。"

境外捐赠资源主要流向教育、健康、救灾与重建领域。同全国总的慈善捐助资源流向相比，境外捐赠资源较为集中，主要流向三个领域：教育、健康、救灾与重建，占总额的 87.66%，其中教育、救灾与重建所占比重同全国总比重相似，分别占37.00%、21.71%，不同的是健康领域在境外捐赠用途中占28.95%，而在全国捐赠的流向中仅占 9.18%[③]。

（二）财政支持慈善事业发展的现实任务与远景

1. 财政支持慈善事业发展的现实任务

前文的具体数据说明我国慈善资源流向的主要领域既具有全

---

① 中民慈善捐助信息中心：《2008 年度中国慈善捐助报告》，http：// gongyi. sina. com. cn，2009 年 4 月 8 日。

② 中民慈善捐助信息中心：《2009 年度中国慈善捐助报告》，http：// gongyi. sina. com. cn，2010 年 4 月 8 日。

③ 中民慈善捐助信息中心：《2009 年度中国慈善捐助报告》，http：// gongyi. sina. com. cn，2010 年 4 月 8 日。

世界慈善事业发展的共同特点，又有中国具体的实践特点。当代慈善事业的关注点已由关注贫穷向关注全人类福祉转变，具体表现在无论是国内还是国外的慈善捐赠资源都首先流向最能推动社会发展的"教育事业"，教育事业所获慈善资源占40%左右。国内、国外慈善资源流向的第二大领域是"救灾与重建"，分别占资金总额的26%和22%，说明慈善理念由"救穷"向"救急"转变。国内、国外慈善捐赠资源的流向在"弱势群体领域"与"健康领域"之间发生了分化，国内12%的慈善捐赠资源流向弱势群体领域，9%的慈善捐赠资源流向健康领域。而境外捐赠资源有29%流向健康领域，只有5%流向弱势群体领域。这说明国内慈善事业更关注弱势群体，而境外慈善事业更关注健康问题，发生分歧的根本原因是我国经济发展的实际情况与国外不同。我国弱势群体问题还是一个对社会发展有很大制约作用的社会问题，其中扶贫济困及农村发展领域的问题尤为突出。因此，社会对这一领域的问题关注度很高。而国外经济发展水平更高，人们关注度较高的是提高生命质量的健康领域。以美国为例，1980年联邦政府对非营利组织的资助中，60%以上用于卫生组织，一部分用于补偿医院为老年人提供的医疗保健，一部分用于为穷人服务的医院和疗养院。随着我国经济发展水平的提高，财政也应逐渐加大对慈善组织在健康领域活动的支持。由此可见，当前，我国财政支持慈善事业发展的现实任务是把教育、救灾与重建、帮助弱势群体作为财政扶持的主要领域。

2. 财政支持慈善事业发展的远景

从国际情况来看，医疗卫生居西方发达国家慈善公益活动领域的第二位。这是因为西方发达国家认为贫困的根源是病与愚。洛克菲勒基金会的盖茨曾说过："如果科学和教育是文明的大脑和神经系统，那么健康就是心脏。"① 在贫与病之间，盖茨和老洛克菲勒都认为病先于贫。只要人身体健康，加上教育，就能靠自己的力量获得幸福生活。如果大多数人都健康并有文化，社会必然进步，贫困也可消除。而且，随着西方发达国家经济发展水平的不断提高，人们对提高生命质量的健康领域的关注度也在不断提高。就我国的情况而言，我国经济持续高速发展，国家财政对包括医疗卫生在内的"民生问题"日益关注，投入资金逐年增长。人民对医疗卫生的需求也日益增加，慈善组织在该领域的活动必然逐渐活跃，从长远来看，财政应将支持这一领域的慈善组织发展定为远期目标之一。

科学技术是以美国现代基金会为代表的西方慈善事业关注的重要领域。基金会将大学和研究机构作为其捐助的重点，努力促使大学向研究型大学转变，其终极目的就是要发展国家的科学技术。基金会与科学技术的结合使现代慈善思想发生了重大转变，这就是前文所提到的由传统的救济型慈善思想向现代公益型慈善思想的转变，即基金会所资助的是探讨社会问题的根本解决之道，而不是求得这些问题暂时的、表面的缓解。例如，洛克菲勒基金会长期关注的农业与农作物品种的改良项目"绿色革命"，在20世纪50～60年代被引入印度及其他欠发达国家和地区，为解决这些国家和地区的粮食问题做出了巨大的贡献。在科研方面，基金会所关注的重点并不只是自然科学，也同样关注社会科学，因为在20世纪20年代末经历过大萧条后，人们普遍认识到物质的丰富解决不了社会危机，科学的发达既可以造福人类也可

---

① 资中筠：《散财之道：美国现代公益基金会述评》，上海人民出版社，2003，第1版，第337页。

以带来毁灭。反观我国的情况，自然科学和社会科学的发展对推动社会进步同样起着关键性的作用，也日益引起慈善组织的关注，这一领域应纳入财政支持慈善组织发展的长期目标。

20 世纪 80 年代以后，可持续发展开始成为全球关注的问题，慈善事业自然把它们纳入自己的工作范围，具体领域是人口、环保和能源，而且慈善组织进行了大量的投入。特别是计划生育，洛克菲勒基金会和福特基金会都较早介入，后来包括比尔·盖茨基金会也陆续加入进来，其内容繁多，避孕药的研制、母婴卫生、宣传教育以及在经济上帮助贫困国家的众多贫民获得计划生育手段等都在计划之内。对于能源的关注，其宗旨是使能源生产和消费更加有效、可持续。环保内容甚广，包括野生动物、空气和水污染、交通等。而可持续发展也是我国经济、社会发展的方式，可持续发展问题正日益受到全社会的普遍关注。全国有了形形色色的小型环保组织及基金会，财政应将这一领域的慈善组织作为支持的远期目标之一。

综上所述，慈善组织活动的领域有教育、救灾与重建、帮助弱势群体、医疗健康、科学技术、可持续发展和其他一些非定向领域。而其中最重要的领域是促进社会发展的教育领域，财政应该建立长效机制，给予在这些领域活动的慈善组织专项资金支持。"一方有难，八方支援"的救灾与重建领域最能直接体现慈善事业关爱他人、无私奉献的利他主义精神，也是在短时期内最有慈善资源动员能力的领域，财政应帮助慈善组织建立和完善相应的参与机制。结合我国实际情况，帮助弱势群体仍然是我国慈善组织的工作重点，财政资金也应该相应地对这一领域的慈善组织给予重视和支持。医疗卫生领域目前还只占不到 10% 的慈善资源，但结合发达国家的发展经验，为老人和穷人提供健康方面的帮助应该是慈善组织发展的新方向，政府应将其作为财政支持慈善事业发展的远期目标，逐渐增加财政资金支持的力度。此外，国际慈善组织还普遍活跃于自然科学与社会科学领域、可持续发展领域，而这两个领域对我国经济社会的发展同样重要，必将受到慈善组织越来越多的关注，政府也要把它们作为财政支持远期目标予以关注。

第三节　资助完善慈善组织的监管体系

对慈善组织的监督是慈善组织持续和谐发展的保障。我国慈善组织缺乏监管是导致慈善组织公信力差的重要原因。财政资助完善慈善组织的财务管理能力是完善慈善组织监督体系的前提。在此基础上，财政一方面应资助建立一个独立的跨部委的协调机构来履行政府的监管职责；另一方面应资助完善公众监督体系。

一　资助完善慈善组织的财务管理能力

财务管理状况不仅是慈善组织管理水平的体现，而且也是影响慈善组织社会公信力的重要因素。慈善组织的财务系统一方面要做到满足内部管理和内部控制的要求，使慈善组织管理有序化；另一方面要体现治理层次的作用，使慈善组织的领导层得到有效的监管和制约。目前，从外部环境来讲，慈善组织的财务制度不够健全；从内部环境来讲，大多数慈善组织还处于发育阶段，因管理体制和人员等因素的限制，财务管理相对不够规范。针对这样的问题，财政应提供以下方面的支持。

第一，资助慈善组织对现有财务管理人员进行培训。慈善组织需要了解现行会计制度和组织财务状况的专业人才，对现有的财务管理人员进行培训是最经济、最有效的办法。可根据新出台的《民间非营利组织会计制度》对现有的财务人员进行培训。第二，资助慈善组织根据需要依据现有的法律法规，结合慈善组织的财务管理特点，订立一套规范的财务管理制度，推广使用。这是因为尽管目前相关的法律是零散的，但慈善组织依然要订立自身的财务管理标准，这是慈善组织未来财务运作中的关键环节。第三，资助慈善组织把内部监督与外部监督相结合。资助慈善组织积极做到财务公开，利用互联网等媒体工具，使更多的人参与审计工作，接受公众的监督。

二 资助筹建跨部委慈善组织协调机构来履行政府监管的责任

前文已述，应由财政资助民政部来牵头，在目前各部委分工协作的基础上，先建立一个非正式的慈善组织工作协调机构，为将来建立慈善委员会做准备，由这一慈善组织工作协调机构来履行政府监管慈善组织的责任。该机构可以重点监管大型慈善组织，需要填写详尽的年检报告，向公众定时公布年检结果，并接受指定审计机构的专业年度审计；日常监管中型慈善组织，填写较为详细的年检报告，接受具备法定资质的独立财务检查员的检查；对于小型慈善组织，填写较为简单的年检报告，没有独立审计的要求。根据慈善组织的规模来分配监管，抓大放小有利于减轻小型组织的负担，同时加强对大型组织的监管力度。

三 资助公众监督

除政府对慈善组织缺乏监管外，社会力量对慈善组织的监督和慈善组织的自律也极为不足，需要财政资助完善慈善组织的公众监督体系。

（一）资助建立信息系统，保证绩效评估的准确和有效

慈善组织绩效评估是指评估主体围绕慈善组织绩效这个目标，在一定时限内运用科学的评估手段和技术对慈善组织的绩效进行测量、判定和评价的系统工程。它为慈善组织的管理人员和利益相关者提供信息，为慈善组织承担公共责任建立一种约束机制，同时有助于慈善组织接受公众监督，对外树立形象，提高组织的公信度。完备的评估资料和数据是慈善组织绩效评估的基础。慈善组织绩效评估的信息量非常大，涉及范围非常广。全面、系统地收集评估材料是个烦琐的工作，需要花费大量的时间和精力。如果可以建立慈善组织的绩效评估信息系统，将慈善组织绩效评估的数据、结果、开展评估的材料以及有关部门乃至全国性的统计指标和数据，汇集成全国性的慈善组织绩效评估数据库，慈善组织绩效评估的作用就可以得到真正的发挥。但现在的慈善组织绩效评估都是各自为战，加上建立数据库的成本非常高，如果没有慈善组织之间以及慈善组织与政府之间的联合是根本不能实现信息共享的。因此，财政应资助建立慈善组织信息系统，保证其绩效评估的准确和有效，以真正实现公众对慈善组织的监督作用。

（二）资助成立专业化第三方评估机构，提高绩效评估能力

评估机构能力的大小决定了评估结果的科学性和实用性。慈善组织绩效评估是一项专业性、技术性很强的工作，所以对于评估机构的能力要求很高，这就需要建立一个独立于政府及慈善组织的专业性的第三方评估机构。第三方评估机构可以体现慈善组织的独立性并且保证评估结果的可信度。前文介绍过美国的慈善导航就是这方面的一个成功典范，其资金来源全部为个人捐赠和未被评估的基金会的捐赠。考虑到我国建立一个科学、专业的第三方评估机构的迫切性，财政应培育和服务于专业的第三方评估机构的成立和不断完善，而不能坐等其在民间力量的促进下慢慢形成。因此，财政应资助成立专业化的独立于政府及慈善组织的第三方评估机构，资助学术界对推进其发展的研究。

（三）拨款给有影响力的媒体制作慈善专栏节目

前文已述，大众媒体的监督是指通过报纸、杂志、广播、电视等新闻媒体进行的监督。它具有及时、全面、影响大的特点，是一种重要而有效的监督形式。财政可考虑拨款给在全国有影响力的媒体，制作定期的专栏节目，既能起到向公众宣传慈善文化的作用，又能起到对慈善事业进行公众舆论监督的作用。

（四）资助建立全国性及地方性的慈善组织行业自律协会

目前，我国还没有全国性的慈善公益行业联合会。地方性的慈善公益联合会很少，且都处于筹建阶段。要形成行业自律机制，首先就要建立全国性及地方性的各级慈善公益行业联合会。在慈善组织的行业协会能否接受财政资助问题上，有人担心慈善组织行业协会如果接受政府资助会削弱其独立性，对解决慈善事业行政化色彩太浓的问题越发不利。实际上，国际社会与市场中的行业协会除自己筹措活动与生存资金外，接受政府的资助是一条通例。美国每年的社会管理和公共服务预算，其中的50%是交给各行业的社会组织来使用的。2007年，国家财政决定每年对中国消费者协会全额拨款750万元活动经费也曾引起较大的舆论风波，担心会削弱中国消费者协会的独立性。但事实证明，中央财政决定对中国消费者协会拨款，反映出我国政府看到了消费者协会在保护广大人民群众切身利益的活动中的功劳和作用，这与党中央在 2008 年"两会"期间表达的注重民生问题的态度与判断是相一致的。中国消费者协会在接受财政全额拨款后的几年间，并未出现舆论所担心的丧失独立性的问题，而是把工作越做越好了。

当然，我们同时需要强调，财政对慈善组织行业协会的拨款在性质上与名义上属于政府资助，而非行政拨款。此外，还要加强对慈善组织行业协会使用该资助的监督，并且形成一种有效的动态机制和数额，政府的资助就可以逐渐增多。

第四节　制定推动基金会发展的财政政策

目前我国推动基金会发展的主要任务有两个：一是鼓励非公募基金会的发展；二是鼓励大型运作型基金会向资助型基金会发展。应该出台相应的财税政策以满足培育、服务于基金会发展的需要。

一　制定鼓励非公募基金会发展的财税政策

中国针对非公募基金会的财税政策较之美国等发达国家的优惠要小一些，大家一直期待着新的优惠政策出台。2009 年 11 月 11 日，财政部和国家税务总局发布了财税〔2009〕122 号《财政部、国家税务总局关于非营利组织企业所得税免税收入问题的通知》和财税〔2009〕123 号《财政部、国家税务总局关于非营利组织免税资格认定管理有关问题的通知》，这些新政策的出台，没有像人们预期的那样为基金会发展创造有利条件，而是更加限制了非公募基金会的发展。这种限制体现在以下三个方面。

一是让非公募基金会逐步走向萎缩。因为有关法规规定，如果基金会用自己的资金投资增值，要缴纳25%的所得税，同时每年基金会的支出不能低于上年资产余额的8%。非公募基金会每年的支出要达到上年基金余额的8%，如果缴纳完25%的所得税后还要支出8%的话，基金会年收益必须超过10%才能维持。如果达不到10%，缴纳完所得税后，还要动用原始资金，原始资金就会逐步减少，基金会就会走向萎缩。

二是抑制了大型非公募基金会的设立。按照上述法律规定，如果一个基金会有10亿元的规模，必须每年赚1亿元以上才能保持资产不萎缩。而与此同时，企业给基金会捐款，只要数额不超过利润的12%，就可以税前扣除。这些政策使得很多非公募基金会都采取了小资金注册，然后企业每年进行捐款注资的模式。反观美国，基金会投资收益免税，年度支出只要求不低于上年余额的5%，这就使得基金的资产有可能通过投资不断升值，所以美国会出现像福特基金会那样的成功。福特基金会不仅长年在做很好的公益项目，而且资产也从最初的3亿美元涨到如今的100多亿美元。在中国，因为基金会的收益要缴纳企业所得税，企业捐款反倒可以免税，因此会挫伤办大基金会的热情。

三是损害了非公募基金会的规范性和独立性。关于薪酬制度的限制，非营利组织的薪酬不得超过当地平均水平的两倍。现在很多非公募基金会是资助型的，资助型的基金会自己不做项目，钱给别人花，所以管理人员可以很少，但是需要专业人员，工资相对和市场接近。如果按照财政部这样的规定，中国将会出现绝大多数的非公募基金会要么做假账，要么找不到优秀的管理人员，要么由企业发工资，到基金会做志愿者，没有什么薪酬支出，这会严重损害非公募基金会的发展和规范管理。

鉴于以上情况，一方面，建议基金会从事法律法规允许的营利性活动，符合下列条件的可以享受税收优惠：一是营利性活动的开展，不得妨碍符合非营利组织宗旨的活动的开展；二是从事与营利性活动宗旨无关的活动所得利润不得超过本组织全年总收入的一定比例，日本规定的比例是 50%，美国规定的比例是 35%，建议参照美国不得超过 35% 的比例，以确保组织的非营利性；三是营利性收入除支付正常活动管理费用之外，必须全部用于符合非营利组织宗旨的活动；四是营利活动的财务与非营利组织的财务相分离。另一方面，建议允许基金会按市场价格支付管理人员的薪酬。基金会的运营离不开专业人才的引进，公益产品需要专业团队来打造，没有专业团队全身心的投入，公益产品的品牌效应便无法形成，社会化的公益事业就难以形成。南都公益基金会副理事长兼秘书长徐永光介绍：相比公募基金会，私募基金会完全有条件以接近市场高水平的薪酬聘请专业的人才，这是优势，应该充分利用。目前业内做得好的几家基金会都有很强的人员配备。比如宋庆龄基金会、中国红十字基金会和友成企业家基金会的秘书长都是从中国青少年发展基金会出来的，万通基金会秘书长李劲更是冯仑通过猎头公司从联合国开发计划署"挖来"的。具体到下面的专业人员配备，南都公益基金会的副秘书长一个是来自麦肯锡的战略专家，一个是香港中文大学的博士，项目总监之前在微软公司干了 10 多年。聘请这些高端人才的人力成本虽然高一些，但是结果往往是事半功倍，效益更高①。当前对于"非营利组织的薪酬不得超过当地平均水平的两

---

① 《为公益正本清源——专访希望工程创始人、南都公益基金会副理事长兼秘书长徐永光》，《商务周刊》2010 年第 18 期。

倍"的规定，显然阻碍了基金会的人才引进，应该制定新的规定，允许基金会按市场价格支付管理人员的薪酬。

二 鼓励大型基金会从运作型向资助型转变

如前文所述，我国大量捐赠资金集中于政府部门，而民间慈善组织可用的社会捐赠资金比例低。如果政府能够建立将社会捐赠资金委托外包给基层民间慈善组织使用的制度，就可以克服捐赠资金在政府部门过于单一集中使用的弊端，达到适度分散使用资金的目标。当然，政府作为管理者，不应直接承担资助型基金会的工作，建议将政府所获得的捐赠资金通过招投标以项目委托的方式交由如中国红十字基金会、南都公益基金会这样的大型基金会，再由这些大型基金会通过项目委托的方式资助民间慈善组织参与慈善公益活动。这样，就起到了鼓励大型基金会从运作型基金会向资助型基金会转变的作用，从而有助于慈善项目的多元化；有助于激发民间慈善组织的创新与活力；有助于提高项目的效率与效果；有助于分散项目风险；有助于培育和发展民间慈善组织；也有助于摆脱基层民间慈善组织长期过度依赖境外资源的局面。

第五节 资助民间慈善组织能力建设

在对中国慈善事业发展现状进行分析时，笔者多次从各个角度谈到中国慈善事业发展中，慈善组织这一环节最为薄弱，已经成为限制慈善事业发展的主要短板。除了从制度上解决限制慈善组织发展的注册、免税、公募资金等问题，慈善组织的能力建设也应当并行不悖地进行。加强慈善组织能力建设，主要可以集中在吸引专业人才、大力构建人才储备、加强国际交流合作以及鼓励发展支持型组织这几个层面。

一　给予慈善组织人才支持政策

目前慈善组织的人员待遇、社会保障等问题限制了慈善组织的职业化和专业化。应当大力构建慈善组织市场化的人才市场，将慈善组织工作人员纳入整个劳动力市场和社会保障体系中，并逐步放松对慈善组织人力运作成本的要求和规定，用市场力量和董事会的决策来调节人员工资水平，逐步建立一个能够吸引和留住专业人才，并让他们过上体面生活的待遇体系。

二　资助建立慈善事业人才储备

建立慈善事业的人才储备可以做以下三方面的工作。

一是财政教育预算中，考虑在高校建立社会工作、民间组织管理、社会保障法律等专业和课程，培养慈善工作专门人才，为社会输送具有专业知识的慈善工作者；二是拨款成立针对慈善机构治理和运作的研究机构，使慈善事业在科学理论的指导下更加稳健有力地向前蓬勃发展；三是资助慈善组织开展培训工作，落实培训教材的编写工作，采取灵活多样、行之有效的方式培训现有的慈善工作者，不断丰富他们的慈善工作知识，提高慈善工作技能；四是加强国际交流与合作，财政应当资助慈善组织开展国际交流与合作，通过慈善项目的实施，采取"走出去，引进来"的形式，促进国内外慈善工作者之间的交流。

三　鼓励支持型慈善组织发展

支持型慈善组织是一类旨在加强慈善组织能力建设，致力于提高慈善行业公信力和专业能力的中介型慈善组织。纽约慈善协会就是一个支持型慈善组织的典范。该组织成立于 1979 年，目前有 285 个成员机构，每年拨款总额达到 40 亿美元。该组织为纽约地区的基金会提供培训课程，提供出版物等信息服务，建立捐款人网络，鼓励形成跨界的领导人合作与交流，帮助会员基金会做超越地域的慈善工作，比如有些基金会只进行国际拨款，有些只做纽约本市的拨款。该组织也支持运作型基金会，美国两个最大的运作型基金会就是其会员，包括开放社会研究所。没有诸如美国基金会中心、基金会理事会以及纽约慈善协会这样的支持性机构，中国的非营利机构发展还远谈不上进入正常发展轨道。

对于支持性慈善组织，在政策上，做好两方面的工作很重要：第一，明确承认支持型慈善组织也具有慈善性质，可以享受有关财税优惠政策；第二，对其中的一些有规模、有影响的组织给予资金上的重点扶持，争取在全国打造几个影响力大、专业能力强的支持型慈善组织。

第六节　完善慈善事业税收优惠政策

前文已述，我国现行法规政策中税收优惠不足是制约慈善组织发展的重要因素。根据国外经验，税收优惠制度是鼓励公民积极参与慈善活动、推进慈善事业发展的重要杠杆。完善慈善事业税收优惠政策主要包括慈善捐赠免税资格认定和慈善捐赠税收激励两个方面。

一　制定慈善组织免税资格认定管理政策

免税在发达国家是衡量社会组织是否为慈善组织的最重要标

准，只有符合免税条款的慈善组织才能获得国家给予的税收优惠政策而在社会中生存。在当今的美国社会，慈善组织的定义已经在很大程度上被税法上的定义所取代，即自身收入无须纳税，而且其捐助者因其捐助而享受税收减免的组织①。我国目前还没有制定专门适用于慈善组织免税资格认定管理的政策。现在，慈善组织要想申请免税资格，适用的是 2009 年 11 月 11 日颁布的财税〔2009〕123 号文件《财政部、国家税务总局关于非营利组织免税资格认定管理有关问题的通知》。该通知适用于所有从事公益性或者非营利性活动，且活动范围主要在中国境内的非营利组织。这样的管理政策对于只为公众利益服务且具备慈善目的的慈善组织来说显然缺少应有的更加优惠的待遇。在实践中，我国慈善组织要想获得免税资格非常困难。2009 年度第一批获得公益性捐赠税前扣除资格的公益性社会团体名单仅在 2008 年 66 个基金会的基础上增加了 3 个。这样的现状未能为慈善组织的发展提供一个好的政策环境，构建新的公共财政与慈善组织间的培育服务性关系模式，就应重视尽快制定专门适用于慈善组织免税资格认定管理的政策。对于该项政策的制定建议如下。

第一，明确界定慈善组织的范围。慈善组织应指自愿、无偿开展以慈善为唯一宗旨的活动的法人或其他组织。其活动范围建议包括以下五个方面：帮助预防、减轻突发事件造成的损失和影响；帮助困难的地区、社会群体、个人改善基本生存和发展条件，向特殊困难社会群体、个人提供精神抚慰或者法律援助；帮

---

① 〔美〕贝希·布查尔特·埃德勒、英格里德·米特梅尔：《通行规则：美国慈善法指南》，金锦萍、朱卫国、周虹译，中国社会科学出版社，2007，第 2 版，第 4 页。

助社会群体、个人实现平等享受教育、科学、文化、卫生、体育、社会福利发展成果的权利；促进城乡社区发展和保护环境；其他慈善活动。

第二，慈善组织注册 1~2 年后，可以向民政部门申请所得税免税资格，由民政部门联合税务部门共同负责会签、批复申请，并且针对免税型慈善组织制定更加严格的监管制度、年检制度等。

二 完善慈善捐赠税收激励体系

税收减免政策是关系到慈善组织生存的大问题，慈善组织只有得到税收减免政策的支持，才有活动的空间，以便开展非营利性的慈善活动。而我国慈善捐赠税收激励体系还有待完善，主要是提高捐赠所得税税前扣除比例，丰富税式支出的政策形式，增加捐赠可扣除形式并开征遗产税。

（一）提高捐赠所得税税前扣除比例

慈善事业作为一项民营公益事业，需要政府在政策上的扶持，尤其是在税收政策上的扶持。西方发达国家对个人和企业的慈善捐赠给予免税待遇，以此鼓励并促使企业和个人热心慈善事业。而在中国，税收优惠比例过低，企业和个人只在少数条件下才能在计算纳税企业所得税或个人所得税时，准予将捐赠额全额扣除。在较多情况下，企业和个人捐赠额分别在年度纳税所得额 12% 和 30% 以内的部分才能准予扣除，超过的部分不能扣除，因此，为促进慈善捐赠的发展，我国应该考虑提高税收优惠比例。如上海市地方税务局于 2005 年 12 月 29 日发布了《关于向上海市慈善基金会的捐赠所得税税前扣除问题的通知》，规定企业、事业单位、社会团体和个人等社会力量向上海市慈善基金会的捐赠，准予在缴纳企业所得税和个人所得税前全额扣除。也就是说，如果一家企业向上海市慈善基金会捐赠了 100 万元，按照现行的企业所得税税率 25% 计征，企业可免缴所得税 25 万元，这有力地促进了慈善捐赠的发展，值得借鉴。

（二）　实行跨年度递延抵扣

跨年度递延抵扣是指将捐赠者当年超过所得税抵扣比例限额部分的公益捐赠递延至下一年度进行抵扣。如果一个纳税人打算在一年内为一个慈善组织做一笔特别大的捐赠，有了跨年度递延抵扣的税收优惠政策，该纳税人就会一次性及时把这笔捐赠交给急需的慈善组织，而不是把捐赠分成几年，甚至可能把一项单件财产拆分。如果允许递延抵扣，捐赠者可以在第一年把所有想捐赠的股票或整栋楼房都捐赠出去。然后允许他第一年抵扣一部分价值，第二年抵扣一部分价值，甚至在以后几年再抵扣一部分价值。实行跨年度递延抵扣有利于鼓励捐赠人，而且更有助于受赠慈善组织一次性获得更多的资源。

（三）　制定实物捐赠扣除实施细则

实物捐赠是慈善捐赠的重要形式之一，但是我国相关税收优惠政策没有对实物捐赠的估价以及估价发生争议后的处理办法等问题做出明确规定。这不利于鼓励捐赠不动产、艺术作品等，而我国目前经济发展水平还不是很高，实物捐赠很重要。对于捐赠的实物如何进行价值评估，是明确实物捐赠扣除比例最困难的环节，因此应该制定具体的实施细则，对价格的认定做出规定。把公允价格作为扣税依据是国际上较常用的方法，我国可以考虑采用。

当前中国的现实国情为进一步完善社会捐赠税收激励体系提供了可能，具体表现为：慈善捐赠的内在动机增强，收入水平提高，收入差距扩大，慈善组织迅速发展，税收收入持续增长。因此，我国应抓住机遇，适时优化慈善事业税收优惠政策。

参 考 文 献

著作、图书类

［1］〔美〕埃莉诺·奥斯特罗姆：《公共事务的治理之道》，于逊达、陈旭东译，上海三联书店，2004，第1版。

［2］〔美〕埃莉诺·奥斯特罗姆等：《制度激励与可持续发展》，毛寿龙等译，上海三联书店，2000，第1版。

［3］〔美〕奥尔森：《集体行动的逻辑》，陈郁等译，上海三联书店、上海人民出版社，1995，第1版。

［4］〔美〕爱德华·希尔斯：《市民社会的美德》，载邓正来、〔英〕杰弗里·亚历山大编《国家与市民社会》，中央编译出版社，2002，第1版。

［5］〔美〕安德鲁·卡内基：《财富的福音》，杨会军译，京华出版社，2006，第1版。

［6］〔美〕贝奇·布查特·阿德勒：《美国慈善法指南》，NPO信息咨询中心译，中国社会科学出版社，2002，第1版。

[7] 陈家刚:《协商民主》,上海三联书店,2004,第1版。

[8] 成思危:《中国事业单位改革——模式选择与分类引导》,民主与建设出版社,2000,第1版。

[9] 〔美〕丹尼斯·S.穆勒:《公共选择理论》,杨春学等译,中国社会科学出版社,1999,第1版。

[10] 〔美〕戴维·奥斯本、特德·盖布勒:《改革政府——企业家精神如何改革着公共部门》,周敦仁等译,上海译文出版社,1996,第1版。

[11] 邓正来、〔美〕杰弗里·亚历山大编《国家与市民社会》,中央编译出版社,2006,第1版。

[12] 邓国胜等:《响应汶川 中国救灾记者分析》,北京大学出版社,2009,第1版。

[13] 冯英、穆凤龙、聂文倩编《外国的慈善组织》,中国社会出版社,2008,第1版。

[14] 高培勇主编《财政与民生:中国财政政策报告2007/2008》,中国财政经济出版社,2008,第1版。

[15] 〔美〕克尔·麦金尼斯主编《多中心治道与发展》,王文章、毛寿龙译,上海三联书店,2000,第1版。

[16] 肯尼斯·纽顿:《社会资本与现代欧洲民主》,载李惠赋、杨雪冬译《社会资本与社会发展》,社会科学文献出版社,2000,第1版。

[17] 〔美〕加里·贝克尔:《人类行为的经济分析》,王业宇、陈琪译,格致出版社、上海三联书店、上海人民出版社,2008,第2版。

[18] 〔美〕乔尔·J.奥罗兹:《基金会工作权威指南》,孙韵译,机械工业出版社,2002,第1版。

［19］〔美〕乔·B. 斯蒂文斯：《集体选择经济学》，杨晓维译，上海三联书店、上海人民出版社，1999，第1版。

［20］姜启军、顾庆良：《企业社会责任和企业战略选择》，上海人民出版社，2008，第1版。

［21］〔美〕乔治·斯蒂纳、约翰·斯蒂纳：《企业、政府与社会》，张志强译，华夏出版社，2002，第1版。

［22］〔美〕莱斯特·M. 萨拉蒙：《全球公民社会——非营利部门视界》，贾西津、魏玉等译，社会科学文献出版社，2007，第1版。

［23］〔美〕莱斯特·M. 萨拉蒙：《公共服务中的伙伴——现代福利国家中政府与非营利组织的关系》，田凯译，商务印书馆，2008，第1版。

［24］林毅夫：《诱致性变迁与强制性变迁》，载〔美〕科斯等《财产权利与制度变迁：产权学派与新制度学派译文集》，刘守英等译，上海三联书店，1989，第1版。

［25］李军鹏：《公共服务型政府建设指南》，中共党史出版社，2006，第1版。

［26］李芳：《慈善性公益法人研究》，法律出版社，2008，第1版。

［27］李韬：《沉默的伙伴——美国现代慈善基金会研究》，中国社会出版社，2008，第1版。

［28］李燕等：《中国公共服务提供机制构建研究——基于公共财政的研究视角》，中国财政经济出版社，2008，第1版。

［29］李佃来：《公共领域与生活世界——哈贝马斯市民社会理论研究》，人民出版社，2006，第1版。

［30］孟令君主编《中国慈善工作概论》，北京大学出版社，

2008，第1版。

[31] 民政部政策法规司编《中国慈善立法课题研究报告选编》，中国社会出版社，2009，第1版。

[32] 莫文秀、邹平、宋立英：《中华慈善事业思想、实践与演进》，人民出版社，2010，第1版。

[33] 清华大学公共管理学院NGO研究所编《中国非营利评论》（第二卷），社会科学文献出版社，2008，第1版。

[34] 施昌奎：《北京慈善事业运营管理模式》，中国经济出版社，2008，第1版。

[35] 〔美〕塞缪尔·亨亭顿、劳伦斯·哈里森主编《文化的重要作用：价值观如何影响人类进步》，程克雄译，新华出版社，2010，第3版。

[36] 王名、刘国翰、何建宇：《中国社团改革：从政府选择到社会选择》，社会科学文献出版社，2002，第1版。

[37] 田凯：《非协调约束与组织运作——中国慈善组织与政府关系的个案研究》，商务印书馆，2004，第1版。

[38] 韦祎：《中国慈善基金会法人制度研究》，中国政法大学出版社，2010，第1版。

[39] 谢志平：《慈善、企业慈善与政府工具选择》，载上海市慈善基金会、上海慈善事业发展研究中心编《慈善理念与社会责任》，上海社会科学院出版社，2008，第1版。

[40] 徐麟：《中国慈善事业发展研究》，中国社会出版社，2005，第1版。

[41] 〔英〕亚当·斯密：《道德情操论》，韩巍译，中国城市出版社，2008，第1版。

[42] 萧延中、谈火生、唐海华、杨占国：《多难兴邦　汶川地

震见证中国公民社会的成长》，北京大学出版社，2009，第1版。

[43] 阎明复：《美国慈善事业一瞥》，中国社会出版社，2001，第1版。

[44] 闫坤、王进杰：《公共支出理论前沿》，中国人民大学出版社，2004，第1版。

[45] 闫坤：《财政改革新论》，中国经济出版社，1999，第1版。

[46] 闫坤、张鹏：《中国宏观经济与财政政策分析（2008~2009）》，中国社会科学出版社，2010，第1版。

[47] 闫坤等：《中国服务业发展与财税政策研究》，中国社会科学出版社，2008，第1版。

[48] 杨团主编《中国慈善发展报告2010》，社会科学文献出版社，2010，第1版。

[49] 张成福、党秀云：《公共管理》，中国人民大学出版社，2001，第1版。

[50] 张馨：《公共财政论纲》，经济科学出版社，1999，第1版。

[51] 张馨、高培勇、杨之刚、夏杰长主编《中国财政经济理论前沿（4）》，社会科学文献出版社，2005，第1版。

[52] 张馨、杨志勇、郝联峰、袁东：《当代财政与财政学主流》，东北财经大学出版社，2000，第1版。

[53] 中华人民共和国国家统计局主编《中国统计年鉴2009》，中国统计出版社，2009。

[54] 周秋光、曾桂林：《中国慈善简史》，人民出版社，2006，第1版。

[55] 郑功成：《社会保障学——理念、制度、实践与思辨》，商

务印书馆，2000，第 1 版。

[56] 郑功成等：《当代中国慈善事业》，中国人民大学出版社，2010，第 1 版。

[57] 朱健刚、王超、胡明编《责任、行动、合作：汶川地震中 NGO 参与个案研究》，北京大学出版社，2009，第 1 版。

[58] 张强、俞晓敏等：《NGO 参与汶川地震灾后重建研究》，北京大学出版社，2009，第 1 版。

[59] 郑远长、彭建梅、刘佑平主编《中国慈善捐助报告 2010》，中国社会出版社，2010，第 1 版。

学术刊物类

[1] 安体富：《论我国公共财政的构建》，《财政研究》1999 年第 6 期。

[2] 陈共：《关于"公共财政"的商榷》，《财贸经济》1999 年第 3 期。

[3] 邓子基：《财政理论在改革争鸣中不断发展》，《中国财政》2008 年第 8 期。

[4] 邓国胜：《慈善组织培育与发展的政策思考》，《社会科学研究》2006 年第 5 期。

[5] 冯健身、方淑芬：《论中国公共财政》，《财政研究》1999 年第 3 期。

[6] 樊丽明：《公共品供给机制：作用边界变迁及影响因素》，《当代经济科学》2006 年第 1 期。

[7] 樊丽明：《美国非政府组织供给公共品分析》，《经济学动态》2002 年第 10 期。

［8］高培勇：《中国公共财政建设指标体系：定位、思路及框架构建》，《经济理论与经济管理》2007 年第 8 期。

［9］高培勇：《公共财政的基本特征》，《涉外税务》2000 年第 8 期。

［10］高培勇：《个人所得税改革前瞻》，《中国财政》2009 年第 11 期。

［11］高功敬：《中国慈善捐赠机制的发展趋势分析》，《社会科学》2009 年第 12 期。

［12］高敏雪：《从初次分配、再分配到"第三次分配"》，《中国统计》2006 年第 3 期。

［13］郭安、顾云虎：《论第三次分配与社会工作者的职责》，《中国劳动关系学院学报》2005 年第 4 期。

［14］何梅萍：《慈善组织会计法规体系的构建》，《会计之友》（中旬刊）2010 年第 7 期。

［15］胡象明、鲁萍：《治理视野下的政府公共服务市场化》，《北京行政学院学报》2002 年第 5 期。

［16］黄家瑶：《系统论视阈下的慈善组织建设》，《齐鲁学刊》2009 年第 5 期。

［17］靳环宇：《发展慈善事业应注意的几个理论问题》，《湖南商学院学报》2008 年第 3 期。

［18］贾康：《近年来财政理论研究的主要进展与成就》，《中国财政》2010 年第 11 期。

［19］贾康等：《中国财税体制改革的战略取向：2010～2020》，《改革》2010 年第 1 期。

［20］贾康：《政府公共投资、社会投资与经济发展》，《西南民族大学学报》（社会科学版）2010 年第 3 期。

［21］贾康:《公私伙伴关系（PPP）的概念、起源、特征与功能》,《财政研究》2009 年第 10 期。

［22］贾康:《对公共财政的基本认识》,《税务研究》2008 年第 2 期。

［23］J. 哈贝马斯:《关于公共领域问题的答问》,《社会学研究》1999 年第 3 期。

［24］贾西津:《国外非营利组织管理体制及其对中国的启示》,《社会科学》2004 年第 4 期。

［25］彭腾:《论我国的慈善供给》,《财经科学》2008 年第 8 期。

［26］潘小娟:《构建慈善超市长效发展机制的探索》,《国家行政学院学报》2010 年第 1 期。

［27］潘屹:《慈善组织、政府与市场》,《学海》2007 年第 6 期。

［28］李国林:《试论慈善事业与社会保障的关系》,《求实》2003 年第 2 期。

［29］李青:《非营利组织所得税免税政策》,《税务研究》2010 年第 5 期。

［30］刘蓉:《非营利组织税法规制的法理分析与完善》,《税务研究》2010 年第 5 期。

［31］刘继同:《慈善、公益、保障福利事业与国家职能角色的战略定位》,《南京社会科学》2010 年第 1 期。

［32］刘霞、张丹:《经济学和组织学交叉视野下的公民社会》,《湖北经济学院学报》2004 年第 1 期。

［33］刘澄:《改进中国慈善捐赠的制度安排》,《国际经济评论》2006 年第 3 期。

［34］刘立华、李智：《治理与治善：一种国家与公民社会的新型关系》，《兰州学刊》2005 年第 4 期。

［35］马梦砚：《非营利组织绩效评价指标体系设计——基于绩效预算的研究》，《价格理论与实践》2010 年第 7 期。

［36］毛淑梅、孙强：《构建和谐社会背景下培育和发展慈善组织的策略研究》，《吉林省教育学院学报》2008 年第 9 期。

［37］任荣：《探讨和研究第三次收入分配》，《理论前沿》2006 年第 17 期。

［38］苏明：《中国政府购买公共服务研究》，《财政研究》2010 年第 1 期。

［39］孙中民：《论我国慈善理念的变迁与政府职责》，《理论导刊》2009 年第 9 期。

［40］史安娜：《影响我国彩票销售市场需求的因素分析》，《中国商贸》2010 年第 4 期。

［41］申卫平：《我国彩票公益金公共性本质与管理模式优化》，《改革》2009 年第 8 期。

［42］石依禾：《中美政府与非营利组织会计比较及我国预算会计改革启示》，《经济研究参考》2010 年第 23 期。

［43］田凯：《非协调约束与组织运作——一个研究中国慈善组织与政府关系的理论框架》，《社会学研究》2004 年第 4 期。

［44］田雪莹：《慈善捐赠行为与企业竞争优势实证分析》，《同济大学学报》（自然科学版）2010 年第 5 期。

［45］唐钧：《慈善新模式的公众期待》，《人民论坛》2009 年第 21 期。

［46］吴俊彦：《探讨我国公司慈善捐赠的税收优惠政策》，《财会研究》2010 年第 2 期。

[47] 吴伟:《慈善捐赠、公共物品的自愿提供与非营利组织》,《财经理论与实践》2007年第4期。

[48] 武晓峰:《论第三次分配的价值诉求与实现条件》,《求实》2010年第6期。

[49] 武晓峰:《第三次分配:实现分配公正的助推器》,《经济问题》2009年第12期。

[50] 汪大海:《中国慈善事业的合作治理模式及其路径选择》,《江西社会科学》2010年第5期。

[51] 王端旭:《企业慈善行为的演化及其理论解释》,《经济管理》2009年第5期。

[52] 王锐:《慈善筹资机制的浙江特色——非博彩逐利性与政府良性主导》,《生产力研究》2009年第12期。

[53] 王名:《社会组织财税政策研习》,《税务研究》2010年第5期。

[54] 王名:《社会组织发展与社会创新》,《经济社会体制比较》2009年第4期。

[55] 王名:《新企业所得税法与我国社会组织发展》,《中国行政管理》2007年第7期。

[56] 王名:《改革民间组织双重管理体制的分析和建议》,《中国行政管理》2007年第4期。

[57] 王名:《非营利组织的社会功能及其分类》,《学术月刊》2006年第9期。

[58] 王俊秋:《慈善组织建设在慈善事业发展中的作用》,《山东工商学院学报》2008年第1期。

[59] 王世军:《从慈善事业到社会福利制度》,《学海》2004年第4期。

［60］ 王薛红：《对我国彩票业科学发展的思考》，《中国财政》2010 年第 5 期。

［61］ 温艳萍：《慈善组织发展的经济动因与经济影响研究》，《经济体制改革》2007 年第 1 期。

［62］ 姚俭建、Janet Collins：《美国慈善事业的现状分析：一种比较视角》，《上海交通大学学报》（哲学社会科学版）2003 年第 1 期。

［63］ 姚俭建、黄丹：《关于构筑中国特色慈善事业监督体系的思考》，《社会科学》2004 年第 10 期。

［64］ 闫坤：《和谐社会与公共财政的相互关系研究》，《财政研究》2006 年第 7 期。

［65］ 叶振鹏：《建立公共财政的基本框架的几个基本问题》，《财贸经济》1999 年第 11 期。

［66］ 杨春学：《利他主义经济学的追求》，《经济研究》2001 年第 4 期。

［67］ 杨团：《关于基金会研究的初步解析》，《湖南社会科学》2010 年第 1 期。

［68］ 杨团：《促进非营利部门就业是新社会政策时代的社会产业政策》，《学习与实践》2009 年第 10 期。

［69］ 杨团：《中国的社区化社会保障与非营利组织》，《管理世界》2000 年第 1 期。

［70］ 杨立雄：《慈善经济学面临的危机与范式转变》，《学术研究》2005 年第 7 期。

［71］ 俞可平：《中国公民社会：概念、分类与制度环境》，《中国社会科学》2006 年第 1 期。

［72］ 于鹏：《慈善公益捐赠中个人所得税优惠政策的现状分析

和制度研究》，《商业会计》2010 年第 18 期。

[73] 于秀丽：《慈善组织的行为分析及对我国发展慈善事业的启示》，《生产力研究》2006 年第 4 期。

[74] 彦索珍：《政府公共服务外包：慈善组织发展新选择》，《学海》2009 年第 5 期。

[75] 曾桂林：《20 世纪国内外中国慈善事业史研究综述》，《中国史研究动态》2003 年第 3 期。

[76] 曾军平：《集团行动的个体异质效应研究》，《财经研究》2004 年第 3 期。

[77] 张馨：《析中国公共财政理论之特色》，《财政研究》2001 年第 7 期。

[78] 张维迎：《公有制经济中的委托人－代理人关系：理论分析和政策含义》，《经济研究》1995 年第 4 期。

[79] 张奇林：《美国的慈善立法及其启示》，《法学评论》2007 年第 4 期。

[80] 张立巍：《个人参与第三次分配体系建设的国际借鉴》，《商业时代》2007 年第 10 期。

[81] 张立巍：《我国个人参与第三次分配的模型分析》，《商场现代化》2007 年第 2 期。

[82] 张彪：《如何构建非营利组织财务规制体系》，《经济纵横》2010 年第 5 期。

[83] 张亚维：《中国彩票业发展的隐忧与战略选择》，《管理世界》2008 年第 1 期。

[84] 郑功成：《中国慈善事业的发展与需要努力的方向——背景、意识、法制、机制》，《学海》2007 年第 3 期。

[85] 郑建新：《公共财政再分析》，《财政研究》2002 年第 6

期。

[86] 周国良：《跨国公司给我们带来了什么》，《国际贸易》1996 年第 6 期。

[87] 周伟：《慈善事业的经济学分析》，《特区经济》2007 年第 12 期。

[88] 朱迎春：《新企业所得税法对我国企业慈善捐赠影响的统计分析》，《现代财经》（天津财经大学学报）2010 年第 2 期。

学位论文类

[1] 曹洪彬：《我国捐赠的公共经济学分析》，厦门大学博士学位论文，2006 年 6 月。

[2] 郭健：《社会捐赠及其税收激励研究》，山东大学博士学位论文，2008 年 5 月。

[3] 李海东：《非营利机构核算问题研究》，东北财经大学博士学位论文，2007 年 3 月。

[4] 陆月娟：《安德鲁·卡内基研究——美国大企业家、慈善家安德鲁·卡内基的思想与实践》，华东师范大学博士学位论文，2003 年 5 月。

[5] 林燕凌：《我国非政府组织研究——兼论志愿者活动的发展》，复旦大学博士学位论文，2005 年 4 月。

[6] 马力：《主导与共存——新时期中国政府与非政府组织关系研究》，吉林大学博士学位论文，2009 年 4 月。

[7] 任慧颖：《非营利组织的社会行动与第三领域的构建》，上海大学博士学位论文，2005 年 6 月。

［8］ 孙浩进：《中国收入分配公平的制度变迁》，吉林大学博士学位论文，2009 年 6 月。

［9］ 田雪莹：《企业捐赠非营利组织的行为及竞争优势研究：基于社会资本的视角》，浙江大学博士学位论文，2008 年 4 月。

［10］ 田屹：《论第三部门的经济干预权》，西南政法大学博士学位论文，2007 年 3 月。

［11］ 王守杰：《发达国家的非政府组织研究——欧美的经验与启示》，华东师范大学博士学位论文，2006 年 7 月。

［12］ 谢志平：《关系、限度、制度：转型中国的政府与慈善组织》，复旦大学博士学位论文，2007 年 4 月。

［13］ 杨琳：《转型时期江苏公益慈善组织发展研究》，浙江大学博士学位论文，2009 年 7 月。

［14］ 徐雪松：《企业慈善行为研究》，同济大学博士学位论文，2007 年 7 月。

［15］ 杨守金：《中国特色慈善事业发展研究》，东北师范大学博士学位论文，2006 年 12 月。

［16］ 赵敬丹：《构建服务型政府进程中的第三部门发展研究》，吉林大学博士学位论文，2009 年 6 月。

［17］ 郑书耀：《准公共物品私人供给研究——兼论政府的作用》，辽宁大学博士学位论文，2007 年 5 月。

政府报告、公告类

［1］《财政部税政司发布 2009 年税收收入增长结构性分析》，中国政府网，2010 年 2 月 12 日。

［2］《民政部 2009 年民政事业发展统计报告》。

［3］《中华人民共和国财政部公告》（2010 年第 51 号）。

［4］《2008年度中国慈善捐助报告》，中民慈善捐助信息中心，http：//gongyi. sina. com. cn，2009 年 4 月 8 日。

［5］《2009年度中国慈善捐助报告》，中民慈善捐助信息中心，http：//gongyi. sina. com. cn，2010 年 4 月 8 日。

［6］《中华人民共和国 2009 年国民经济和社会发展统计公报》。

［7］《中国慈善事业发展指导纲要（2006～2010）》。

英文著作类

［1］Abramson Alan and Salamon Lester M. , *The Nonprofit Sector and the New Federal Budget* , Washington, D. C：Urban Institute Press，1986.

［2］Anheier Helmut K. and Wolfgang Seibel, ed. , *The Third Sector：Comparative Studies of Nonprofit Organizations* , Berlin and New York：DeGruyter，1990.

［3］Bakal Carl, *Charity USA* , New York：Times Books，1979.

［4］Barber B. , *The Logic and Limits of Trust* , New Brunswick, N. J. ：Rutgers University Press，1983.

［5］Bareelona, *European Welfare States* , CIES，1994.

［6］Barry Bozeman and Jeffrey D. Straussman, *Public Management Strategies* , San Francisco：Jossey Bass Publishers，1990.

［7］Crimmins, Lawrence, *Enterprise in the Nonprofit Sector* , Washington, D. C. ：Partners for Livable Places，1985.

［8］Dahl,R. and Lindblom, C. E. , *Politics,Economics,and Welfare* , New York：Harper and Row，1953.

[9] Dintto, Diana M. ed. , *Social Welfare*:*Politics and Public Policy* (4th) , Needham Heights, Mass: Simon & Schuster company, 1995.

[10] Douglas, James, *Why Charity* :*The Case for a Third Sector* , Beverly Hills: Sage Publications, 1983.

[11] Egan, John, Carr, John, Mott, Andrew and Roos, John, *Housing and Public Policy*:*A Role for Mediating Structures* , Cambridge, Mass: Ballinger Publishing Company, 1981.

[12] Fosler, R. S. , *Working Better Together*:*How Government* , Business and Nonprofit Organizations can Achieve Public Purposes through Cross-sector Collaboration, Alliances and Partnerships, Washington, D. C. : Independent Sector, 2002.

[13] Gidron Benjamin, Kramer Ralph and Salamon Lester M. , *Government and the Third Sector* , New York, 1979.

[14] Harder, Paul, Musselwhite, James C. , Jr. and Salamon, Lester M. , *Government Spending and the Nonprofit Sector in San Franciso*, Washington, D. C. , Urban Institute Press, 1984.

[15] Hayes Treasa, *Management*,*Control and Accountability in Nonprofit/Voluntary Organizations* , Aldershot: Ashgate Pubilshing Limited, 1996.

[16] Huntington Samuel, *The Third Wave*:*Democratization in the Late Twentieth Century*, Norman, Okla, Oklahoma University Press, 1991.

[17] James Estelle ed. , *The Nonprofit Sector in International Perspective*:*Studies in Comparative Culture and Policy* , New

York: Oxford University Press, 1989.

[18] Johnson Norman, *The Welfare State in Transition :The Theory and Practice of Welfare Pluralism* , Amherst: University of Massachusetts Press, 1987.

[19] Kramer, Ralph, *Voluntary Agencies in the Welfare State* , Berkeley: University of California Press, 1980.

[20] Lohmann Roger A. , *The Commons:New Perspectives on Nonprofit Organizations ,Voluntary Action and Philanthropy* , San Francisco: Jossey-Bass, 1992.

[21] Lukermann Barbara, Kimmich Madeleine and Salamon Lester M. , *The Twin Cities Nonprofit Sector in a Time of Government Retrenchment* , Washington, D. C. : Urban Institue Press, 1984.

[22] Marschak Jacob and Radner Roy, *Economics Theory of Teams* , New Haven, Conn: Yale University Press, 1972.

[23] Meyer, John and W. R. Scott, *Organizational Environments: Ritual and Rationality* , Beverly Hills, Calif: Sage Publications, Inc, 1983.

[24] Michael Kinsley (Editor), Conor Clark (Contributor), *Creative Capitalism:A Conversation with Bill Gates ,Warren* , Simon & Schuster , 2009.

[25] Miles, R. E. and Snow, C. C. , *Organizational Strategy, Structure and Process* , New York: McGraw – Hill, 1978.

[26] O'Connell Brian, ed. , *America's Voluntary Spirit:A Book of Readings* , New York: Foundation Center, 1983.

[27] Powell, Walter. W. ed. , *The Nonprofit Sector:A Research*

Handbook , New Haven, CT: Yale University Press, 1987.

[28] Rose-Ackerman, Susan, *Nonprofit Firms: Are Government Grants Desirable?* Mimeo, 1985.

[29] Salamon Lester M. and Abramson Alan J., *The Federal Government and the Nonprofit Sector: Implications of the Reagan Budget Proposals* , Washington, D. C. : Urban Institute, 1981.

[30] Salamon Lester M. , *Partners in Public Service: Government-Nonprofit Relations in the Modern Welfare State* , Baltimore: The Johns Hopkins University Press, 1996.

[31] Salamon Lester M. and Odus V. Elliot, *The Tools of Government: A Guide to the New Governmance* , Oxford New York: Oxford University Press, 2002.

[32] Salamon Lester M. , *America's Nonprofit Sector* , New Haven, CT: Yale University Press, 1993.

[33] Schneewind J. B. ed. , *Giving: Western Ideas of Philanthropy* , London: Heinemann Educational, 1972.

[34] United Nations. , *Global Outlook* 2000: *An Economic, Social and Environmental Perspective* , New York: United Nations, 1990.

[35] Wuthnow Robert, *Between States and Markets: The Voluntary Sector in Comparative Perspective* , Princeton, N. J. : Princeton University Press, 1991.

[36] Zurcher, Arnold J. and Jane Dustan, *The Foundation Administrators: A Study of Those Who Manage America's Foundations* , New York: Russell Sage Foundation, 1972.

英文论文类

[1] Brian Galle, "Keep Charity Charitable", *Texas Law Review*, Austin: May 2010, Vol. 88, Iss. 6.

[2] Beck Bertram M., "Government Contracts with Nonprofit Social Welfare Corporations", In Bruce L. R. Smith and D. C. Hague, *The Dilemma of Accountability in Modern Government*, New York: St. Martin's Press, 1971.

[3] "Catholic Charities USA", In *The* 1989 *Annual Survey Report*, Washington. D. C. , Catholic Charities USA, 1990.

[4] Clotfelter, Charles T. , "The Impact of Tax Reform on Charitable Giving: A 1989 Perspective", In Henry Aaron and Joseph Pechman, *Do Taxes Matter?* Washington, D. C. : Brookings Institution, 1990.

[5] Deborah Kelly, Alfred Lewis: "Human Service Sector Nonprofit Organization's Social Impact", *Business Strategy Series*, Northampton: 2009, Vol. 10, Iss. 6.

[6] Dunn, Alison, Demanding Service or Servicing Demand?", *Modern Law Review*, Mar. 2008, Vol. 71, Iss. 2.

[7] Ellen L. Ramsay, "Handle the Philanthropy", *Labour*, Spring 2010.

[8] Evelyn A. Lewis, "Charitable Waste Consideration of A 'Waste Not, Want Not' Tax", *Virginia Tax Review*, Charlottesville: Summer 2010, Vol. 30, Iss. 1.

[9] Estelle James, "How Nonprofit Grow: A Modle", In Susan

Rose-Acerman, *The Economics of Nonprofit Institutions*, Oxford University Press, 1986.

[10] "Financial Crisis Clear to Catholic Charities USA Agencies", America, 1/4/2010, Vol. 202, Iss. 1.

[11] Fitch, L. D., "Increasing the Role of Private Sector in Providing Public Service", In W. D. Hawley and D. Rogers, *Improving the Quality of Urban Management*, Beverly Hills: Sage Publications, 1974.

[12] Frances L. Edwards, "The Challenges of Donation Management", *Public Manager*, Potomac: Fall 2009, Vol. 38, Iss. 3.

[13] Galle, Brian, "Keep Charity Charitable", *Texas Law Review*, May 2010, Vol. 88, Iss. 6.

[14] Glüer Kathrin, "The Status of Charity I: Conceptual Truth or a Posteriori Necessity", *International Journal of Philosophical Studies*, Sep. 2006, Vol. 14, Iss. 3.

[15] Gutowski Michael, Salamon Lester M. and Pittman Karen, "The Pittsburgh Nonprofit Firms in a Three-Sector Economy", In Michelle J. White, *Coupe Papers*, Washington, D. C. : Urban Institute Press, 1984.

[16] Hugo Nurnberg, Douglas P. Lackey, "The Ethics of Life Insurance Settlements: Investing in the Lives of Unrelated Individual", *Journal of Business Ethics*, Dordrecht: Nov. 2010, Vol. 96, Iss. 4.

[17] Pagin Peter, "The Status of Charity II: Charity, Probability and Simplicity 1", *International Journal of Philosophical Studies*, Sep. 2006, Vol. 14, Iss. 3.

[18] Kim Mallie Jane, "How to Donate Wisely", U. S. News & World Report, Nov. 2010, Vol. 147, Iss. 10.

[19] Kireopoulos Antonios, "The Role of Ecumenical Charity in Christian Mission", *Journal of Ecumenical Studies*, Spring 2010, Vol. 45, Iss. 2.

[20] McDermott, Irene E., "We Knit the World: Charity Knitting and Crocheting on the Web", *Searcher*, Nov./Dec. 2007, Vol. 15, Iss. 10.

[21] Meyer and Rowan, "Institutionalized Organizations: Formal Structure as Myth and Ceremony", *American Journal of Sociology*, 1977, 83 (2).

[22] Michael Greenberg, Gwendolyn Greenberg, Lauren Mazza, "Food Pantries, Poverty and Social Justice", *American Journal of Public Health*, Washington: Nov. 2010, Vol. 100.

[23] Regenstreif Donna I., Dobrof Rose, "Philanthropy and Professionals in Aging: Partners to Address a Growing Need Introduction", *Generations*, Summer 2007, Vol. 31, Iss. 2.

[24] Richard Steinberg, Mark O. Wilhelm and Daniel M. Hungerman, "Identifying Tax Effects on Charitable Giving", Version of March 8, 2006.

[25] Rosenbaum, N., "Government Funding and the Voluntary Sector: Impacts and Options", *Journal of Voluntary Action Research*, 10, 1981.

[26] Rule, Alix, "Good-As-Money", *Dissent*, Spring 2009, Vol. 56, Iss. 2.

[27] Salamon Lester M., "The Rise of the Nonprofit Sector",

Foreign Affairs , 1994.

[28] Salamon Lester M. and Anheier Helmut K. , "In Search of Nonprofit Sector I: The Question of Definitions", *Volunteers*, 1992, 3 (2).

[29] Sandra B. Richtermeyer, "Gain New Perspective by Volunteering", *Strategic Finance* , Montvale, Sep. 2010, Vol. 92, Iss. 3.

[30] Stockman, René, "Mental Health Care Developed by the Brothers of Charity" , *Counselling Psychology Quarterly* , Mar. 2009, Vol. 22, Iss. 1.

[31] Taylor Marilyn, " The Changing Role of the Nonprofit Sector in Britain: Moving toward the Market", In Gidron Kramer and Salamon , 1992.

[32] Weisbrod, Burton, "Toward a Theory of the Voluntary Nonprofit Sector in Three-Sector Economy", In E. Phelps. eds. , *Altruism Morality and Economic Theory* , New York: Russell Sage Foundation, 1974.

[33] Wright, David Bradley, "Time is Money: Opportunity Cost and Physicians' Provision of Charity Care 1996 – 2005 Physician Charity Care", *Health Services Research* , Dec. 2010, Vol. 45, Iss. 6.

后　记

　　自 2007 年 9 月入学，四年时光晃眼而过，接到录取通知书时的欣喜仿佛还未散尽，又迎来论文答辩、结束学业的时刻。能够考入财政部科学研究所攻读博士学位真是一件幸事，这里是财政领域理论研究与实践结合的最高平台，各种类型的学术活动频频开展，从国际知名学者的造访到地方财政实践问题的论坛纷至沓来，使我有机会接触到前瞻性很强的财政政策的前期探讨与构想，以及具体实践问题的研究与解决。以贾康所长为代表的学术造诣很深的老师们，为我们呈现了精彩的学术思想，激励着大家发奋做学问。

　　我敬爱的导师闫坤研究员为我倾注了太多的心血，在论文的写作过程中，她以渊博的学识把我引领到研究领域的最前沿，更以严谨、求实、勤奋的治学态度震撼着我。言教不如身教，我深深体会到导师对我严格要求所蕴涵的良苦用心，希望自己能在她的悉心教导下多一点收获。在日常生活中，我的导师又以她以人为善、达观高远的生活态度，教我为人处世，为我启迪人生新境界。能有这样一位良师是我人生的财富，时刻鞭策着我，在今后的工作中，我也要像导师一样认真对待教学工作。师恩难报，这也许是我对导师最好的报答方式吧。

让我满怀留恋和感激的还有我的同学和师门的师兄弟姐妹们。来到财政部科学研究所，第一个迎接我的是细心周到的于树一师姐，她在学习、研究和生活各方面都给了我关心。在我的论文写作过程中，蒋义、何广前、董昕等同学给了我长期的支持和鼓励。尤其是我的同门赵大全和崔运政，尽管他们自己也在为准备论文答辩而奔忙，却还时时为我操心，帮我把各方面的细节都考虑周全，并尽可能为我分担部分工作。

我对家人充满感激和愧疚之情。这四年来，我对年幼的儿子和年迈的父母都有些疏于照顾，但他们却都给予了我理解、支持和深深的爱。这一段求学经历让我懂得了珍爱家人，懂得了生活的意义。

再次对所有关心和帮助过我的师长、同学、同门、家人及朋友表达深深的谢意！

朱俊立

2013 年 9 月

图书在版编目（CIP）数据

公共财政制度下的慈善组织发展/朱俊立著. —北京：
社会科学文献出版社，2013.11
（云南财经大学前沿研究丛书）
ISBN 978 - 7 - 5097 - 5199 - 2

Ⅰ.①公…　Ⅱ.①朱…　Ⅲ.①公共财政 - 财政制度 -
作用 - 慈善事业 - 研究 - 中国　Ⅳ.①F812.2 ②D632.1

中国版本图书馆 CIP 数据核字（2013）第 248481 号

·云南财经大学前沿研究丛书·
公共财政制度下的慈善组织发展
———————————————————

著　　者／朱俊立

出 版 人／谢寿光
出 版 者／社会科学文献出版社
地　　址／北京市西城区北三环中路甲 29 号院 3 号楼华龙大厦
邮政编码／100029

责任部门／经济与管理出版中心（010）59367226　　　责任编辑／冯咏梅
电子信箱／caijingbu@ ssap. cn　　　　　　　　　　　责任校对／李有江
项目统筹／恽　薇　蔡莎莎　　　　　　　　　　　　　责任印制／岳　阳
经　　销／社会科学文献出版社市场营销中心（010）59367081　59367089
读者服务／读者服务中心（010）59367028

印　　装／北京季蜂印刷有限公司
开　　本／787mm×1092mm　1/16　　　　　印　张／13.25
版　　次／2013 年 11 月第 1 版　　　　　　字　数／158 千字
印　　次／2013 年 11 月第 1 次印刷
书　　号／ISBN 978 - 7 - 5097 - 5199 - 2
定　　价／49.00 元